Wie erkenne ich Etruskische Kunst?

Gondrom

Inhalt

Genehmigte Sonderausgabe für Gondrom Verlag
GmbH & Co. KG, Bindlach 1991

Autor: Romolo A. Staccioli
Idee: Harry C. Lindinger
Zeichnungen: Gerry Valsecchi und Mariarosa Conti
Deutsche Bearbeitung: Monika Seibold
Titelabb.: Sarkophag der Larthia Seianti,
Chiusi, 2. Jh. n. Chr.
Foto: Hirmer Fotoarchiv
Titel der Originalausgabe:
Come riconoscere l'arte etrusca
ISBN 3-8112-0746-6

Einleitung

Seit dem 8. Jahrhundert v. Chr. läßt sich auf der Apenninenhalbinsel ein Volksstamm feststellen, der sich *Rasna* oder *Rasenna* nannte. Die Griechen gaben diesem Stamm den Namen *Tyrrhener* oder *Tyrsener,* die Römer *Tusci* oder *Etrusci.* Über die Herkunft dieser *Etrusker* gibt es verschiedene Theorien, wahrscheinlich sind sie aus Kleinasien eingewandert. Es gibt aber auch Thesen, die die Meinung vertreten, daß die Etrusker Einheimische, Autochthone, waren.

Belegen läßt sich, daß diese Etrusker seit dem 8. Jahrhundert v. Chr. bis zum 1. Jahrhundert v. Chr. eine eigene Kultur zwischen Arno und Tiber, dem Tyrrhenischen Meer und dem Bogen des Apennin entwickelt haben. Zeitenweise breiteten sie sich auch außerhalb dieses Stammgebietes aus.

Bis zur Gründung der Republik, etwa um 500 v. Chr., übten die Etrusker in *Rom* und *Latium* die Herrschaft aus, sie waren sowohl zur See als auch zu Land mächtig. Die 12 etruskischen *Stadtstaaten,* mit einem Priesterkönig an der Spitze, bildeten Konzentrationspunkte. Permanente Kriege schwächten die politische Macht der Etrusker und der Sieg Roms über Veii (396 v. Chr.) war der Anfang des Untergangs der etruskischen Herrschaft: Etrurien wurde dem römischen Italien einverleibt.

In der *etruskischen Kunst* lassen sich italische, orientalische, und vor allem griechische Einflüsse feststellen. In den verschiedenen Städten und Gebieten entwickelten sich unterschiedliche Kunstwerke, oft bedingt durch die geographische Lage, das Gestein und das verfügbare Material; die einzelnen Regionen gelangten zu gewisser Eigenständigkeit.

Wichtig als Vorläufer der etruskischen Kunst war auch die sog. *Villanova-Kultur,* eine Kultur der Eisenzeit (9./8. Jahrhundert v. Chr.), die sich in der Poebene und in Etrurien selbst nachweisen läßt.

In der gesamten Kunst der Etrusker lassen sich Verbindungen zur *griechischen Kunst* feststellen, sei es im Tempel- und Häuserbau, in der Wand- und Vasenmalerei, in

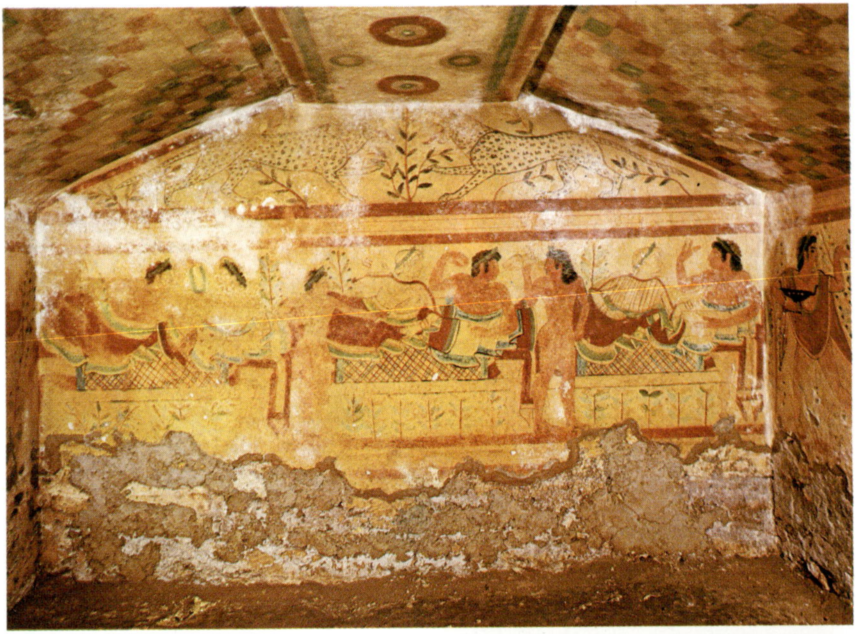

▲ Ein Kennzeichen der etruskischen Kunst ist die hervorragende handwerkliche Qualität. In der *Tomba dei Leopardi in Tarquinia,* um 475 v. Chr., erscheinen die Konturen der Wandgemälde sicher und ungezwungen. Dargestellt ist eine *Bankettszene,* Männer und Frauen beim *Totenmahl.* Die Frauen tragen eine Art Hemd, der Oberkörper der Männer ist nackt. Die *Hautfarbe* der Frauen ist hell, die der Männer dunkel.

▶ Diese *Bronzestatuette* stellt einen *Kriegsgott* dar. Florenz, Museo Archeologico, um 450 v. Chr. Die volkstümliche Tendenz ist typisch für die etruskische Kunst. Dargestellt ist wahrscheinlich *Mars,* der eine Lanze schwingt. Er trägt einen attischen Helm und einen Panzer nach griechischem Vorbild.

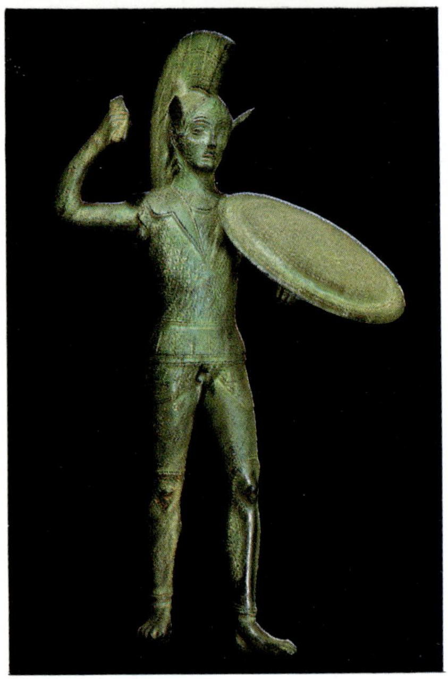

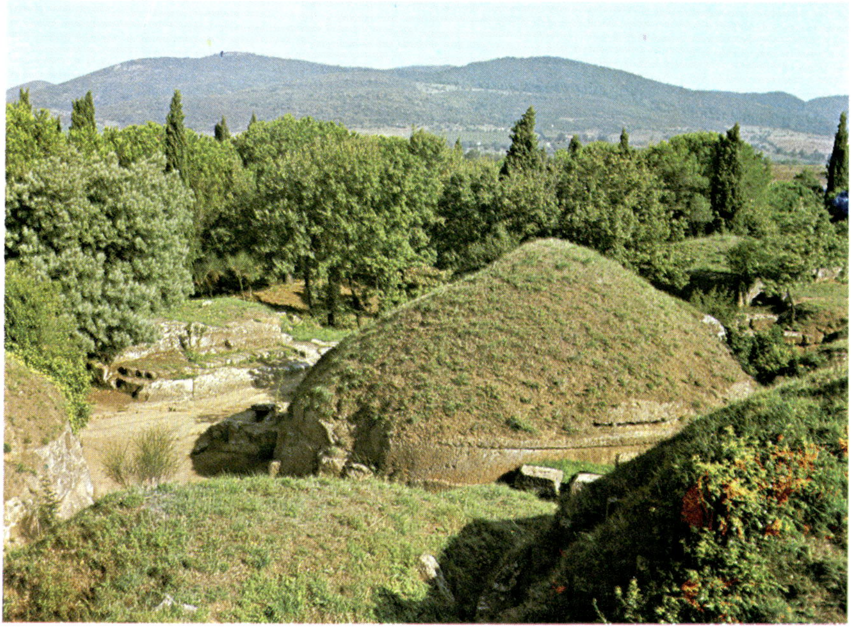

▲ Die ausgedehnte *Nekropole von Cerveteri,* dem antiken Caere, weist zahlreiche *Tumuli* auf. Die Sockel der Tumuli waren aus dem Fels gehauen oder aus *Tuffgestein* gemauert. Diese Grabhügel bedeckten eine oder auch mehrere unterirdische *Grabkammern,* die ebenfalls aus dem Stein herausgearbeitet wurden.

der Rundplastik, im Relief oder in der Keramik. Viele griechische Künstler arbeiteten auf der Apenninenhalbinsel, und rege Handelsbeziehungen förderten den kulturellen Austausch. Die etruskischen Künstler erneuerten und wandelten griechische Vorbilder ab. Dabei kann man ein enormes technisches Können und eine handwerkliche Perfektion, etwa in der Goldschmiedekunst, feststellen. Typisch für die etruskische Kunst ist ein *malerisches Können,* eine ausgeprägte *Schmuck- und Farbenfreude.* Ihre Vorliebe für die Oberflächenbehandlung, die Herausarbeitung des Malerischen ist wesentlich. Weitausgedehnte *Nekropolen,* etwa in *Tarquinia,* bezeugen den *Totenkult* der Etrusker und vermitteln gleichzeitig einen Eindruck vom Leben und den Gewohnheiten dieses Stammes. *Wandmalerei* und Ausstattung der Gräber zeugen von der Vorliebe der Etrusker für das Diesseits. Sie versuchten, ihren Toten die diesseitige Welt in Form von Grabbeigaben ins Jenseits mitzugeben. Typisch ist die Form der *Grabhäuser.*

Die Architektur

▶ Eine der Straßen, welche die *Nekropole von Cerveteri* durchquert. Die Nekropole besteht aus großen und kleinen *Tumuli* und aus Einzelgräbern, die in Steinblöcke gehauen und in einer Flucht aneinandergereiht sind.

Die Etrusker brachten keine bedeutenden eigenen Architekturschöpfungen hervor. Gründe hierfür mögen ihre Vorliebe für die Unmittelbarkeit, die Spontaneität und auch ihre Zuwendung zur Vergänglichkeit sein. Dies wird schon dadurch deutlich, daß sie bei der Konstruktion ihrer Bauten Materialien verwendeten, die dem Verwitterungsprozeß stark unterworfen waren, etwa *luftgetrocknete Lehmziegel und Holz,* daneben *Steine* vulkanischen Ursprungs, die in Etrurien reichlich vorhanden waren. Diese Steine wurden fast ausschließlich für die Fundamente und Grundmauern benutzt. Die ergiebigen Marmorsteinbrüche von Carrara waren ihnen vermutlich nicht bekannt.

▶ Als große Straßenkonstrukteure legten die Etrusker ihre Straßen an, indem sie den Fels wegräumten, um so die Spur für ihre Fahrzeuge zu schaffen. Hierbei verwendeten sie dieselbe Technik wie beim Grabbau.

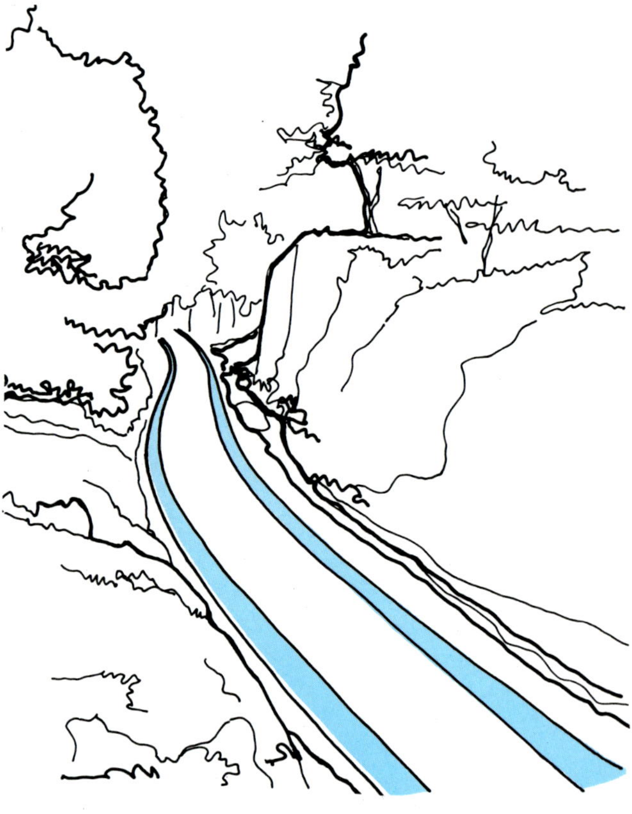

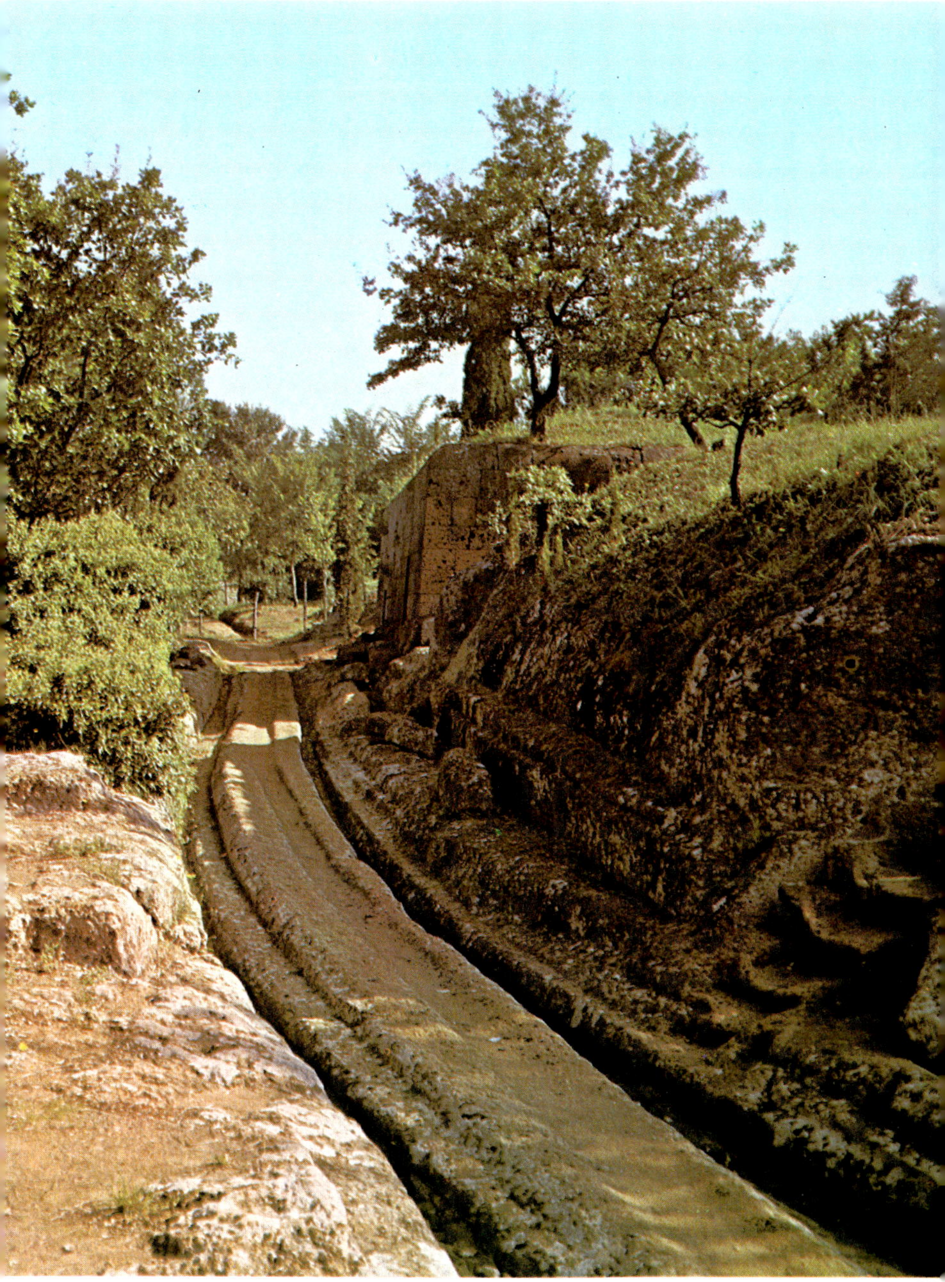

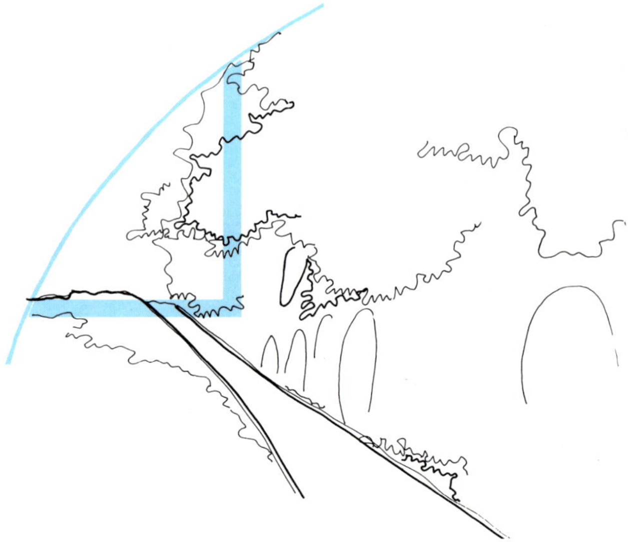

▲ Ein zufälliger Fund hat durch das Abtragen eines Hügels, das für den Bau einer Straßentrasse erforderlich war, einige etruskische Kornlager und Felsgräber wieder ans Tageslicht gebracht. Leider sind sie zum großen Teil durch Bauarbeiten zerstört worden.

Es gibt keine etruskische Marmorskulptur und keine architektonischen Bauelemente aus Marmor. Erst die Römer benutzten zu Beginn der Kaiserzeit den Marmor.

Während für die untergegangenen Zivilisationen der Antike die Architektur die bedeutendste und wichtigste künstlerische Ausdrucksform war, dokumentiert durch den Überfluß an Zeugnissen, gilt für Etrurien, daß keine monumentalen architektonischen Zeugnisse erhalten sind. Wahrscheinlich hat es eine etruskische Architektur im klassischen Sinne nie gegeben, nämlich als Ausdrucksmittel und Resultat einer ausgewogenen künstlerischen Ordnung von Bauelementen. Zweckorientierte Gebäude wurden dagegen mit Sicherheit häufig errichtet.

Was die Monumentalität der etruskischen Bauwerke und ihre Beständigkeit angeht, so sind nur bedeutende Beispiele der *Grabarchitektur* erhalten.

Dies erklärt sich aus der etruskischen Jenseitsvorstellung und bestimmten Programmen, die in den Gräbern immerwährende Denkmäler der Familie sahen. Jedoch handelt es sich bei der Grabarchitektur um eigenartige Lösungen, meist künstliche Aushöhlungen bzw. unterirdische, in Stein gehauene Grabkammern, die sog. *Grabhäuser*.

Sie geben die wirklich gebaute Architektur wieder und wir

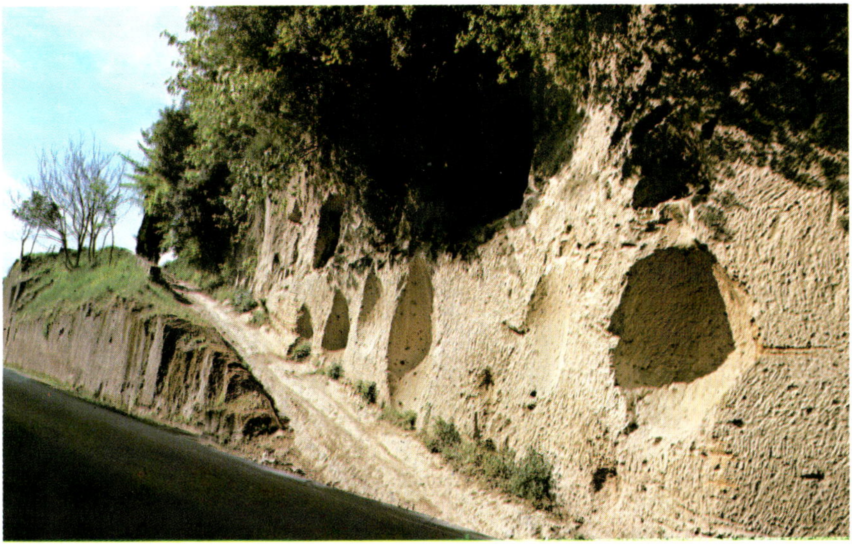

▲ In *Sovana oder Soana* (Ortsteil der Gemeinde Sorano in der Provinz Grosseto) kam unter anderem eine *Felsnekropole* zum Vorschein, die aus verschiedenen Grabtypen und *in den Fels gehauenen Bauten* aus dem 6. bis 2. Jahrhundert v. Chr. besteht.

können uns dadurch ein Bild vom etruskischen Hausbau machen, von Grundrissen, Maßverhältnissen und den unterschiedlichen Konstruktions- und Dekorationsweisen.
Dank der etruskischen Jenseitsvorstellung, welche die Überzeugung vom Weiterleben der Verstorbenen am Ort ihrer Bestattung vertritt, wird das *Grab* als das wirkliche und eigentliche Haus des Toten verstanden. Es wurde als Modell der Häuser der Lebenden ausgeführt. Dies erlaubt uns, das Schema des Grabhauses auf die wenigen Überreste der ehemaligen Wohnhäuser idealtypisch zu übertragen. So ist es möglich, Außenbau und Innenraumgestaltung vollständig zu rekonstruieren.
Die Form des Grabbaus gibt frühzeitig den über den ganzen Mittelmeerraum verbreiteten Typus der *Tholos* auf, – ein mit kreisförmigem Grundriß aus großen Blöcken gebauter und mit einem *falschen Gewölbe* bedeckter Grabbau – und entwickelt einen unterirdischen oder in den Fels gehauenen Komplex mit mehreren Räumen. Dieser Typus, der je nach Epoche und geographischer Lage in verschiedener Häufigkeit auftritt, läßt sich im wesentlichen wiederum auf eine Grundrißform zurückführen. Diese geht von einem zentralen Hauptraum, der *Grabkammer,* aus. Man betritt sie durch einen langen Korridor,

▶ Die Abbildung zeigt eine Häuserzeile, seitlich von breiten und regelmäßig angelegten Straßen und rechtwinkligen Kreuzungen begrenzt. Die Stadtanlage von *Marzabotto (Misa)*, bei Bologna, stammt aus dem 5. Jh. v. Chr.

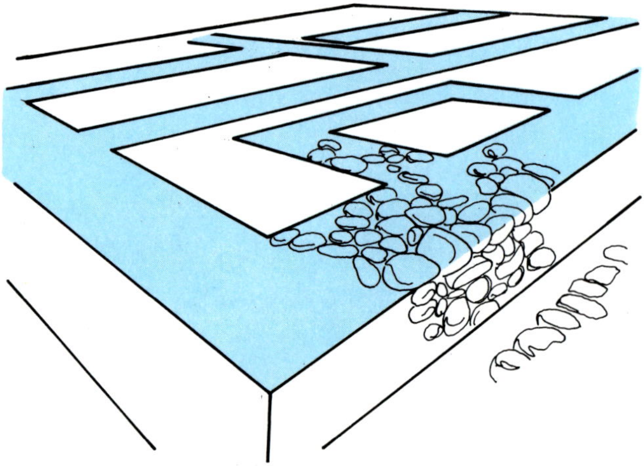

seitlich davon sind weitere Kammern angeordnet. Dies war zweifellos auch das Grundschema des etruskischen Hauses, und zwar seit dem Ende des 7. Jahrhunderts v. Chr. Hauptraum des vornehmen Hauses war das *Atrium*, diesem waren verschiedene Räumlichkeiten zugeordnet. Als Vorform gilt der Typus des Liwán-Hauses, des anatolischen und arabischen Wohnhauses mit Haupthalle und Ausgang zum Hof.

Als eine Weiterführung dieses Grundschemas kann das *italische Atriumhaus* angesehen werden, das wir aus seinen entwickelten Beispielen her kennen, etwa aus Pompeji.

Die Überreste der Häuser, die 1890 von Brizio in *Marzabotto*, dem antiken Misa, bei Bologna entdeckt wurden, haben diese Hypothese bestätigt. Von der Vorhalle führte ein Flur zu einem Innenhof, an den sich symmetrisch die anderen Räume anschlossen.

Die unterirdischen Grabhäuser, die *Tomben*, wurden von kegelförmigen Erdhügeln bedeckt, den sog. *Tumuli*. Diese bestehen aus einem befestigten Sockel aus *Tuffstein* und einer Erdaufschüttung, die meist bepflanzt war. Ein Tu-

▶ In etruskischer Zeit hieß *Marzabotto* wahrscheinlich *Misa*. Die Reste dieser Stadt, 1890 entdeckt, geben eine Vorstellung von der etruskischen Stadtanlage. Die Städte waren meist nach einem regelmäßigen Plan angelegt. Durch die erhaltenen Grundmauern ist die Stadtanlage heute erschließbar. Die Straßen waren breit und verliefen gradlinig. Die Kanäle im Schatten sind Abflußgräben.

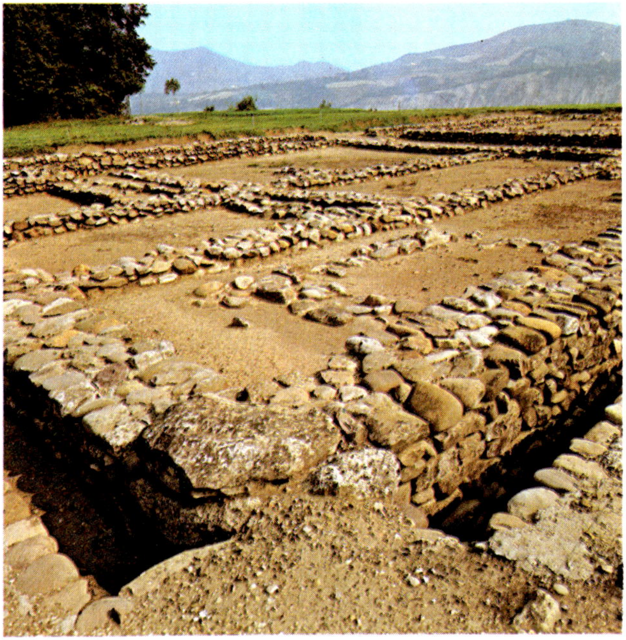

mulus bedeckte ein oder mehrere Grabhäuser, Treppen führten zu den Gräbern hinunter.

Daneben gab es auch die sog. *Kuppelgräber*. Das sind vollkommen aus Steinblockreihen gebaute und mit einem falschen Gewölbe bedeckte Grabbauten. Das Gewölbe wird durch ringförmig übereinandergesetzte, vorkragende Steinschichten gebildet. Die kleinste, oberste Schicht hat eine Deckplatte oder einen Deckstein.

Man kann in der etruskischen Architektur von einer vorherrschenden horizontalen Ausrichtung der Gebäudekomplexe sprechen, niedrig und gedrungen in der Art der Ausführung.

So erscheinen die Häuser in *Marzabotto,* obwohl hier nur noch die Reste der Grundmauern erhalten sind. Diese Marzabotto-Häuser oder jene, von denen man Reste bei der Ortschaft *Aquarossa* in der Nähe von Viterbo gefunden hat, geben eine Vorstellung von dem, wie die Etrusker gebaut haben. Grundlage war ein Sockel aus quadratischen Steinblöcken oder großen Pflastersteinen, auf denen die Wände ruhten. Diese bestanden vermutlich aus Ton,

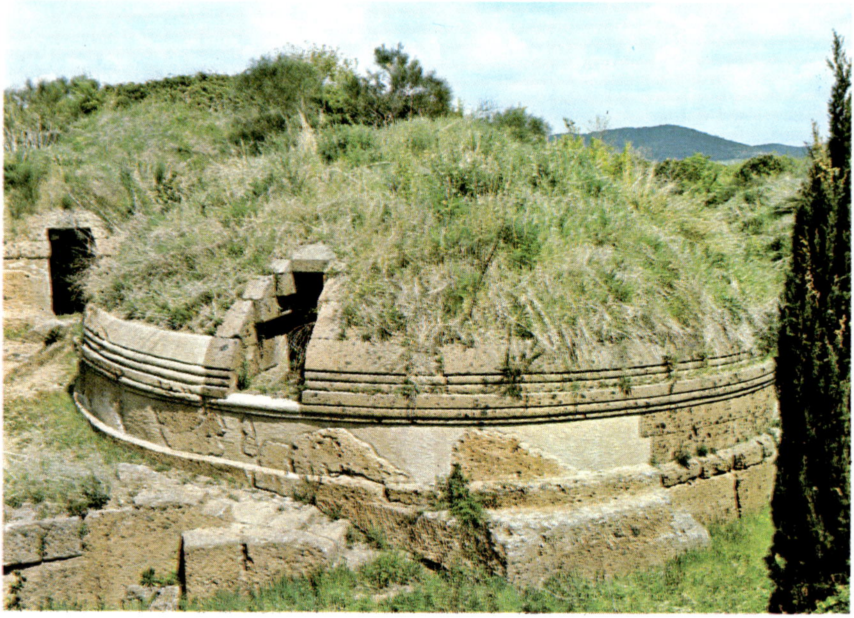

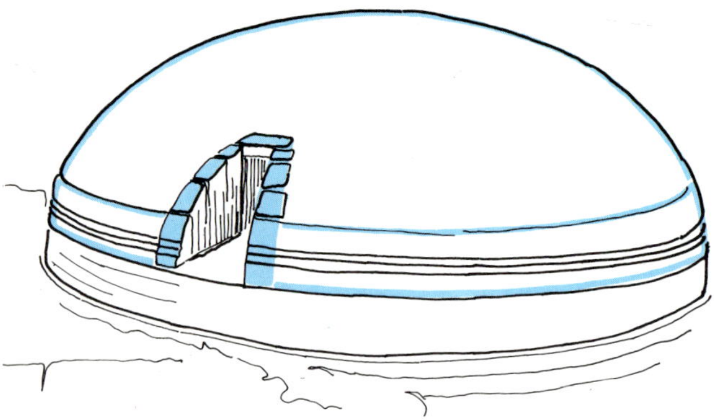

◀▲ Der *kegelförmige Tumulus,* hier ein Beispiel aus der *Nekropole von Cerveteri,* gehört zu den verbreitetsten in der archaischen Periode. Unmittelbar aus dem Fels gehauen, weist er heute auch späteres Mauerwerk auf. Der Eingang führt zu den *Grabkammern.*

ungebrannten Ziegeln oder aus kleineren Steinen, die mit Lehmputz zwischen ein Holzfachwerk eingefügt wurden. Was die Dachform betrifft, so wissen wir mit ziemlicher Sicherheit aus den Beispielen der Wandmalerei, daß es sich um *Satteldächer* gehandelt hat. Der Dachstuhl des etruskischen Tempels war offen, der Firstbalken betont. Wenn wir annehmen, daß es wahrscheinlich keine großen öffentlichen Bauvorhaben gegeben hat, so müßte sich un-

▼▶ Ein *Kammergrab* der *Nekropole von Statonia,* dem heutigen Poggio Buco bei Pitigliano (Grosseto). Tuffstein, ein aufgrund seines hohen Sandanteils poröses Gestein vulkanischen Ursprungs, eignete sich besonders für die Anlage unterirdischer Grabkammern.

sere Vorstellung von der etruskischen Baukunst an diesen, vom architektonischen Gesichtspunkt her anspruchslosen Grab- und Hausbauten orientieren.

Die Etrusker errichteten aber auch, wie die Griechen und Römer, *Tempelbauten.* Auch diese Lösungen kann man als einfach bezeichnen, und zwar aufgrund der mangelhaften Überreste, beschränkt auf Grundmauern und Podien, den rekonstruierten Beispielen, kleinen, aus Tonerde gebrannten Modellen und später entstandenen römischen Texten, wie dem Traktat „De architectura" des *Vitruv.*

Fügen wir die verschiedenen Elemente dieses überlieferten Materials zusammen, wobei wir einerseits die ältesten Gebäude, die dem rechteckigen Haus gleichgesetzt werden können, und andererseits die Gebäude, die mehr dem Schema des griechischen Tempels entsprechen, außer Betracht lassen wollen, so scheint der *etruskische Tempel* einen fast quadratischen Grundriß gehabt zu haben. Die eine Hälfte nahm die *Cella* ein, die einräumig oder dreigeteilt war. Daneben gab es den Typus mit einer Cella und zwei Seitenflügeln. Die etruskische Cella ist gegenüber der

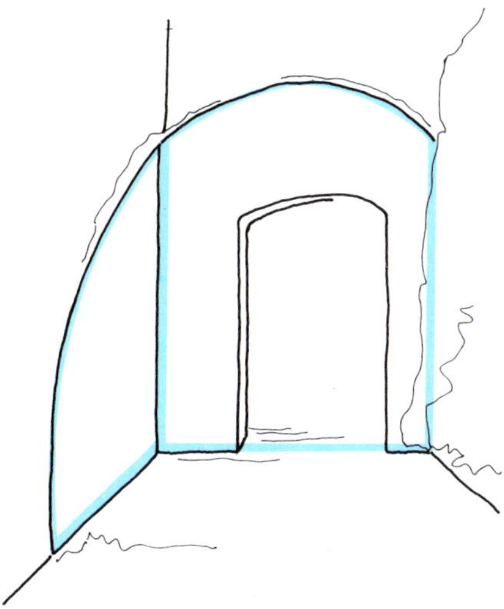

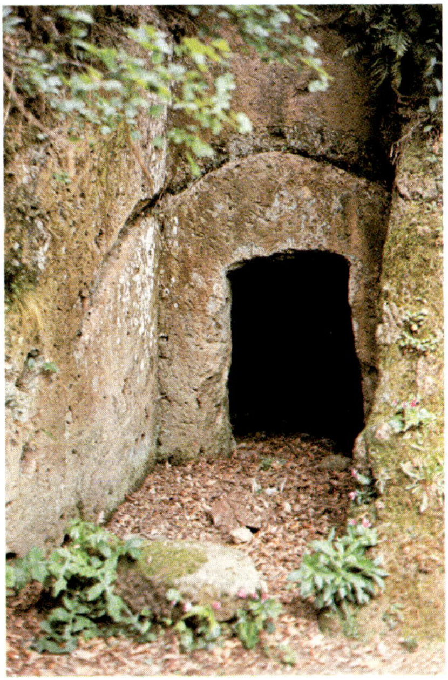

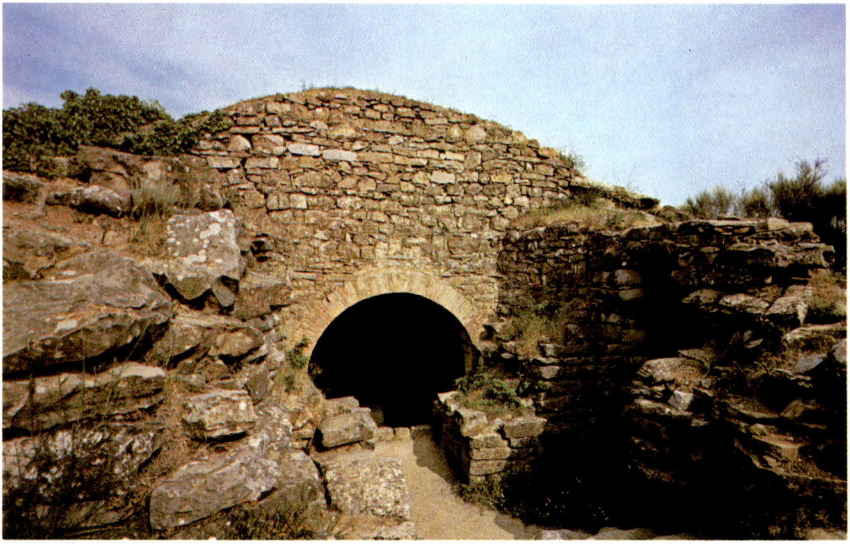

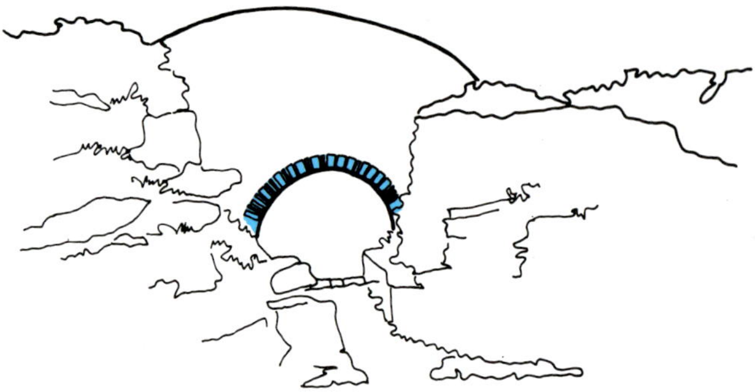

▲ ▶ Der *Tumulus der Tomba della Pietrera in Vetulonia* (Grosseto). Die antike etruskische Stadt blühte durch ihren Metallhandel. Über der großen Nekropole liegt heute Poggio Colonna. Die Verwendung von *Bogen und Gewölben* unterscheidet die etruskischen Bauten von denen des klassischen Griechenland. Die Griechen bevorzugten dagegen geometrische Grundformen und rechte Winkel. In diesem Grab hat man Fragmente der ältesten etruskischen Monumentalskulpturen gefunden.

griechischen stark verbreitert. Die andere Hälfte des Tempels besteht aus einem Vorraum oder *Pronaos,* dessen ziemlich weit voneinander entfernt stehende Säulen von den Verlängerungen der Seitenwände der Cella eingefaßt werden. Der etruskische Tempel hatte keinen Säulenumgang um die Cella. Das ganze Gebäude war mit einem Dach bedeckt, welches breiter, niedriger und schwerer als das der griechischen Tempel war und bis über die Seitenwände vorragte. Die Fassade war mit einem Giebel bekrönt. Der Dachverkleidung wurde eine einheitliche, stüt-

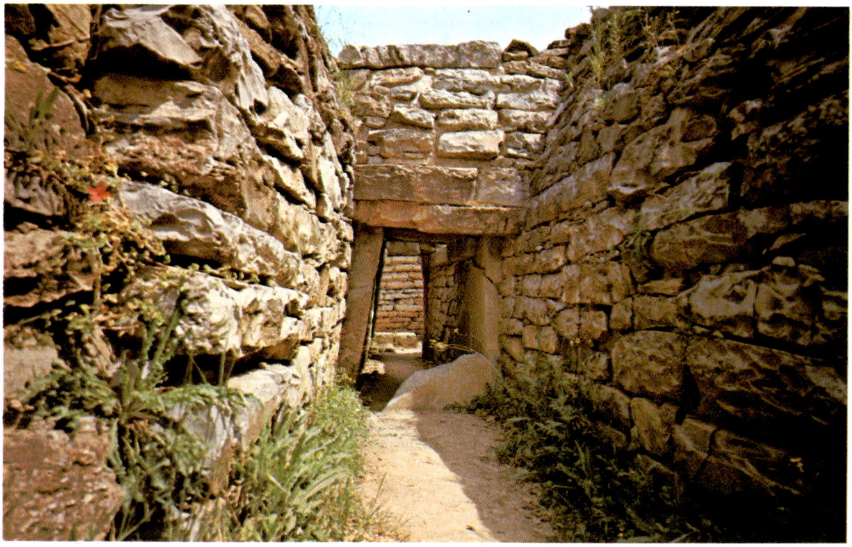

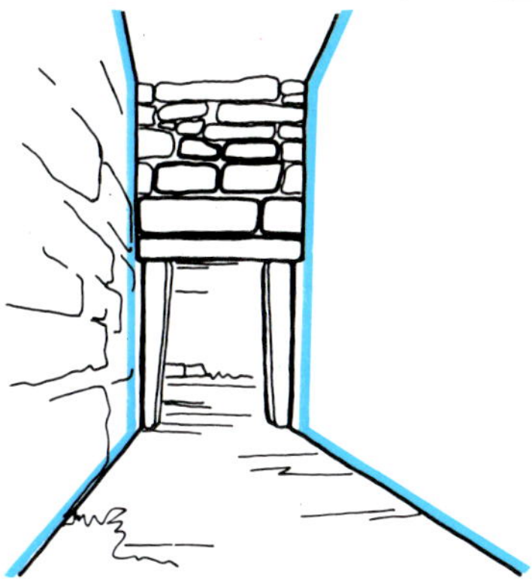

▲ Das Innere der *Tomba del Diavolino in Vetulonia* (Grosseto). Es handelt sich hier um eine Tumuluskonstruktion, die einen Hügel von beinahe 80 m Durchmesser und 15 m Höhe bildet. Ein *langer Korridor* führt zur *Grabkammer,* die mit einem sog. falschen Gewölbe bedeckt ist.

◄▲ Die Vielfalt der etruskischen Mauertechniken ist erstaunlich. Hier ist die Verwendung von großen, unregelmäßigen und nur zum Teil bearbeiteten Steinblöcken ersichtlich, wie sie schon in der Frühzeit für Stadtmauern und Gräber verwendet wurden.

zende Verkleidung aus gebranntem Ton angefügt, die außer ihrer eigentlichen Hauptfunktion noch die Aufgabe hatte, plastische Dekorationen in Form von *Terrakottafiguren* aufzunehmen.

Der Tempel wurde, wenn auch nicht immer, durch ein gemauertes *Podium* erhöht, welches die ausschließliche Funktion hatte, das Gebäude zu befestigen und hervorzuheben und es gleichzeitig gegen aufsteigende Feuchtigkeit abzudichten. Außer diesem Podium und dem Fundament, welche aus Stein bestanden, scheint der etruskische Tem-

pel aus vergänglichem Material gebaut worden zu sein, aus luftgetrockneten Lehmziegeln oder aus Holz – nach Meinung einiger Wissenschaftler vielleicht auch aus rituellen Gründen. Zudem scheint der Tempel – wahrscheinlich wegen dieser rituellen Bedingtheit – in bezug auf seinen Grundriß wie auch auf die einzelnen Maßverhältnisse und der inneren Anlage auf Einheitlichkeit, auf einen bestimmten Grundtypus festgelegt gewesen zu sein.
Es ging beim etruskischen Tempelbau im wesentlichen nicht darum, ein Beispiel von Vorstellungen und Proportionen zu geben, wie sie im griechischen Baustil ausgearbeitet, demonstriert und angewandt wurden. Der griechi-

▶ Den wichtigsten etruskischen Gräbern waren lange Durchgänge, Korridore, vorgebaut. Diese führten zum Eingang der *Grabkammern,* dem eigentlichen Grabinnern. Diese gewölbten Korridore wurden von Felsblöcken flankiert. Seitlich des Korridors befindet sich jeweils eine Kammer.

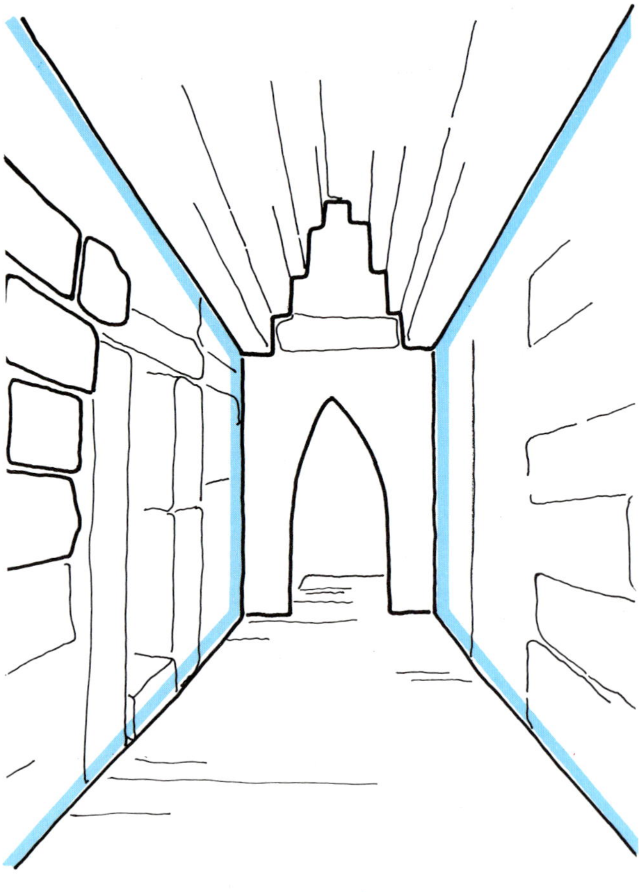

sche Baustil basierte auf dem grundlegenden Prinzip der *Ordnungen,* der bestimmten Regeln und Richtlinien, durch die man einzelne Bauelemente in gesetzmäßige Verbindung setzen konnte. Diese Ansprüche wurden von den Etruskern nicht übernommen. Sie liebten vielmehr plastischen Schmuck und Ornamentik und wandten diese auch am Außenbau der Tempel an.
Tatsächlich unterscheidet sich, nach der Meinung des Vitruv, der sogenannte *„Toskanische Baustil"* durch eigene, typische Merkmale von den drei klassischen griechischen Baustilen – dem dorischen, ionischen und korinthischen.
Die *Säule* mit glattem Säulenschaft, Basis und Kapitell

▶ Das sog. *Kuppelgrab La Montagnola in Quinto Fiorentino.* Als der Hügel 1959 angeschnitten wurde, fand man dieses Kuppelgrab aus der Mitte des 7. Jh. v. Chr. Die Ausgrabungen haben einen 14 m langen und 2 m hohen Durchgang freigelegt, durch den man die Grabkammern erreicht.

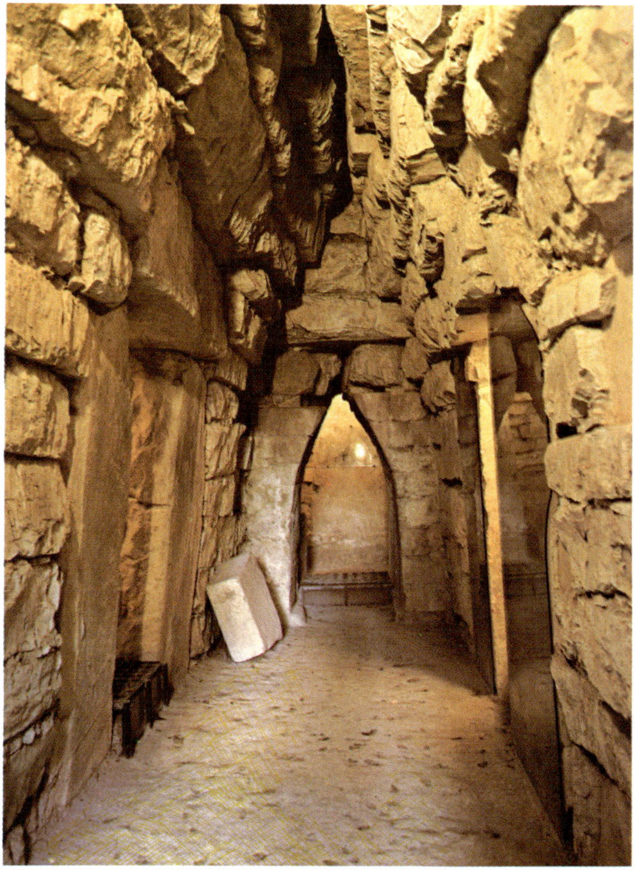

▶ In Etrurien wurde das mit einem *falschen Gewölbe* konstruierte Dach, das im gesamten Mittelmeerraum verbreitet ist, schon seit dem 7. Jahrhundert v. Chr. häufig angewandt. Die Abbildung zeigt ein typisches Beispiel. Übereinandergelagerte Steinblockreihen, die immer weiter vorkragen, bilden eine Schräge.

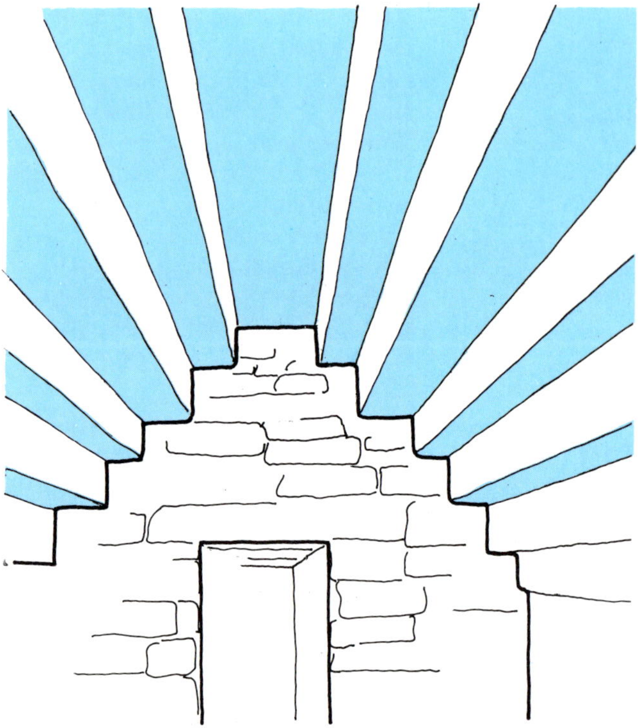

muß von den Etruskern, wenn auch nicht systematisch, häufig verwendet worden sein. Die ältesten Zeugnisse dokumentieren einen „toskanischen", also etruskischen Säulentypus.

Was aber die Ähnlichkeit mit der griechischen Säule angeht, vor allem die dorische Lösung, so kann man an eine mögliche Herkunft aus gemeinsamen mediterranen Vorbildern denken.

Ein anderer, besonderer Kapitelltypus, mit einfachen und komplizierten Rankenverzierungen und östlich beeinflußter Herkunft, wird nur in der Grabarchitektur belegt. Da von mehr dekorativem als funktionalem Wert, muß dieser in Etrurien verwendet worden sein.

Wenn wir zu den eigentlich architektonischen Aspekten zurückkehren, so bleibt noch zu sagen, daß im etruski-

▶ Inneres eines der unterirdischen Grabbauten auf dem Montecalvario in der Nähe von Castellina in Chianti (Provinz Siena). Es handelt sich um Bauten, welche in die *archaische Periode* der etruskischen Kultur zu datieren sind.

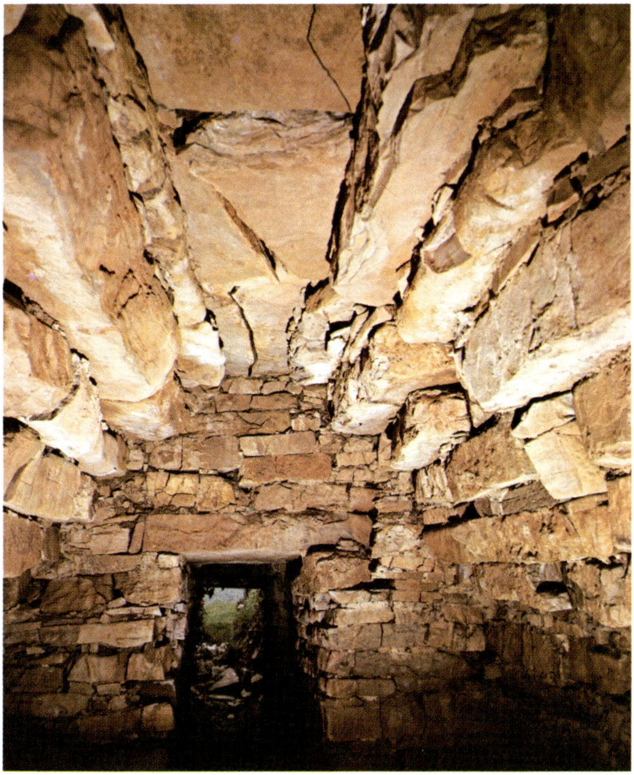

schen Tempel der Raumbegriff weitgehend fehlt, sei es im griechischen Sinne, wo das Gebäude als Ganzes, das in den Raum gestellt wird, gesehen wurde, oder auch im römischen Sinne, wo das Gebäude als raumschaffender Organismus aufgefaßt wurde. So entstand in Etrurien eine einfache und rein auf die *Fassadenwirkung* beschränkte Architektur mit einer Hauptansicht, der Vorderansicht.
Für die anderen architektonischen Bauteile ist nur ein mangelhaftes Interesse vorhanden. Die Rückseite der Tempel wurde lediglich als vereinfachte Wiederholung der Fassade behandelt, die seitlichen Ansichten beschränken sich auf rein dekorative Aspekte.
Diese Tatsache könnte durch rituelle Ursachen – entstanden durch das Verlagern der Cellen auf eine Seite des Tempels – erklärt werden. Vorne fanden nach den Regeln

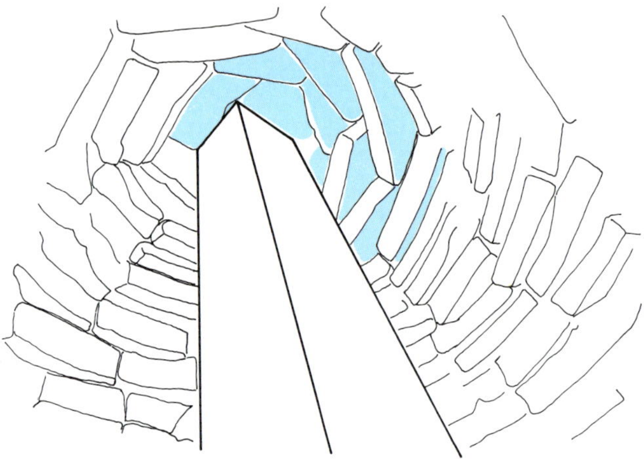

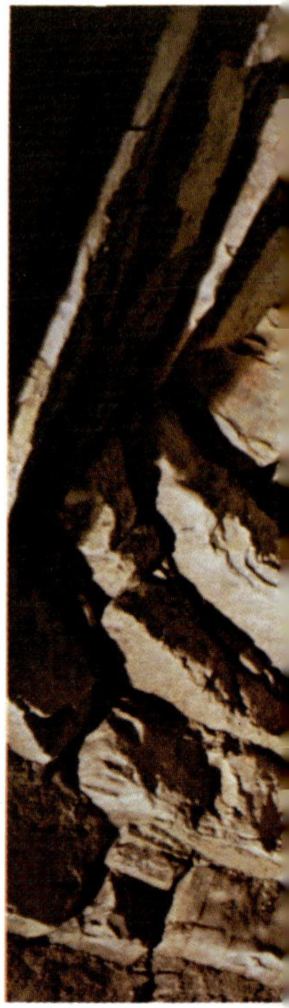

▲ In den großen Grabanlagen kann die Grabkammer mit einer *falschen Kuppel* überwölbt sein. Durch ringförmig übereinandergesetzte Steinschichten ergibt sich die *sog. unechte oder falsche Kuppel*. Manchmal, wie hier, diente ein Mittelpfeiler als Stütze.

der sog. etruskischen Disziplin, *„Etrusca Disciplina“*, die Wahr- und Vorhersagungen statt. Der hintere Teil der Anlage war von rituellen Handlungen ausgeschlossen. Diese *Betonung der Vorderseite* wurde wichtig für den römischen Tempelbau.

Niedrig, schwer, breit, gedrungen – so die Überlieferung Vitruvs – und von der komplizierten, verschiedenfarbig gebrannten Tonverkleidung überlastet, welche die Strukturelemente abzudecken hatte und gleichzeitig Dekoration war, war der etruskische Tempel den plastischen und ornamentalen Elementen vollkommen unterworfen. Das bauliche Anliegen scheint von diesen Elementen überdeckt. Man bekommt den Eindruck, die Architektur habe lediglich die Funktion, den Bauschmuck abzustützen und zu tragen.

Die *Verkleidung* ist aufgrund ihrer Funktionalität das wichtigste Moment dieser Architektur, jedenfalls ist sie die

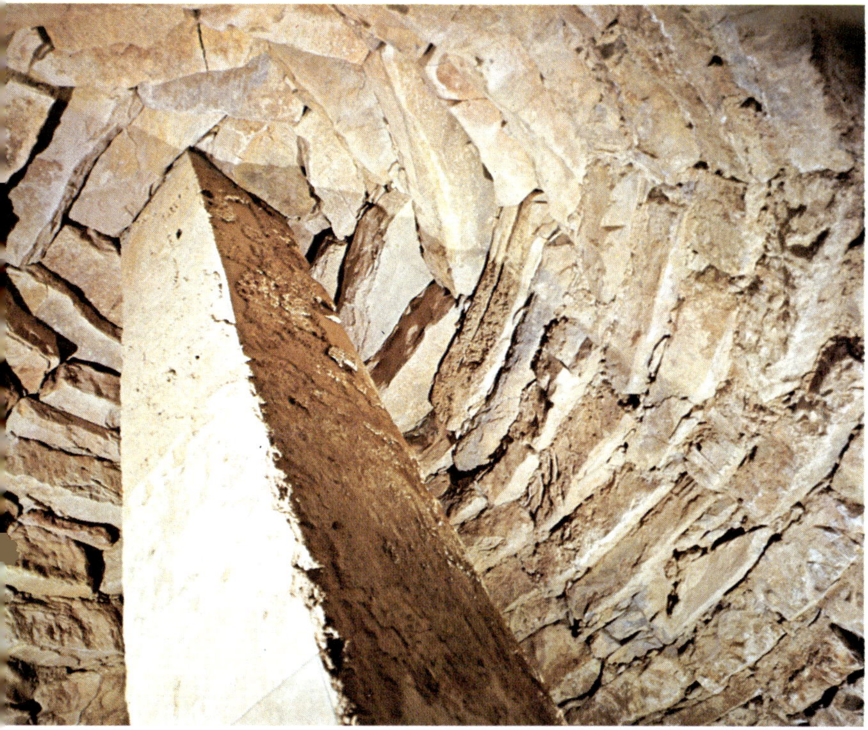

▲ Das Innere der Grabkammer des *Kuppelgrabes La Montagnola in Quinto Fiorentino.* Dieses gut erhaltene Beispiel eines Kuppelgrabes mit kreisförmigem Grundriß hat einen Durchmesser von 5,30 m und ist in die *etruskisch-archaische Periode,* Mitte des 7. Jh. v. Chr., zu datieren.

auffälligste Komponente und für uns der bekannteste Teil des etruskischen Tempels.

Als Erzeugnis einer Art Serienproduktion, in einigen Fällen auch das Produkt individueller Bearbeitung, ist die Verkleidung aus verschiedenen Elementen zusammengesetzt: Vor allem die Schmuckplatten, sog. *Antepagmenta,* welche die Balken in Längsrichtung abdeckten und mit einem flachen Relief mit szenischen, geometrischen oder floralen Motiven versehen waren, dienten dem Tempel als Witterungsschutz. Eine andere Form der Verzierung war die *Sima,* die Traufleiste oder das Traufgesims. Auch dieses war mit Ornament, etwa bemalten Terrakottaplatten, geschmückt. Ein weiteres Schmuckelement waren die auf dem Dachfirst und am Dachrand angebrachten, plastischen *Firstfiguren,* die das Herabfallen der Dachziegel verhindern sollten. Die Beispiele reichen von einfach modellierten Köpfen und Reliefs bis hin zu vollplastischen Fi-

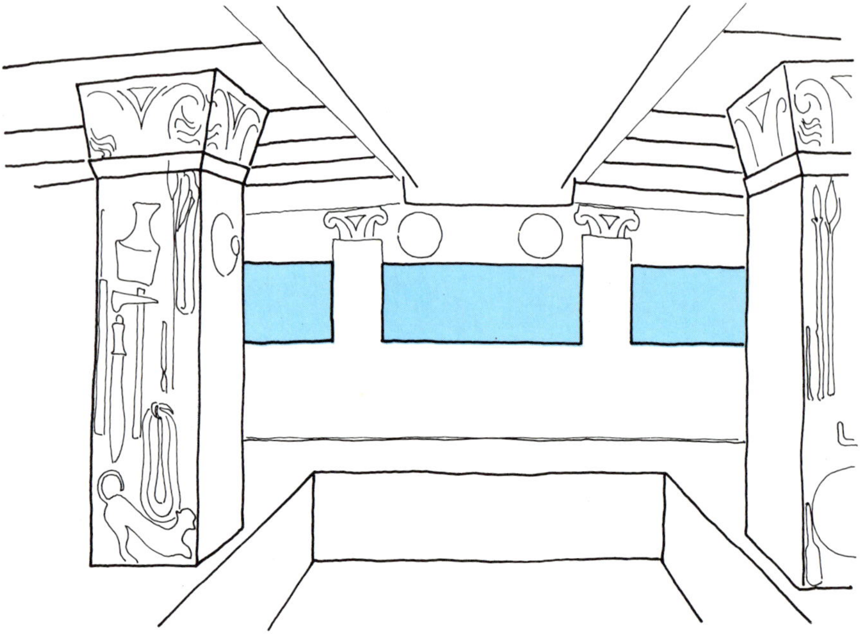

▲ Rückschlüsse auf etruskische *Profanarchitektur* bietet die *Grabarchitektur*. Dargestellt werden hier Gegenstände und Werkzeug aus dem täglichen Leben, das Grabhaus entspricht einem realen Haus. An den Wänden befinden sich *Grabnischen* für die Toten, ihre Namen stehen über diesen Nischen.

guren oder ganzen Figurengruppen. Dieser plastische Schmuck, *Akroterion,* war farbig bemalt, das Material war Ton (s. Abb. S. 34, 35). Die Firstfiguren standen wahrscheinlich auf Dachreiterbasen, sie waren schreitend dargestellt und auf dem Firstbalken oder an den Giebelschrägen angebracht.

Die *Stirnziegel des Daches,* die aus bemalten plastischen, oft figürlichen Tonplatten bestanden, nennt man *Antefixe.* Sie hatten sowohl eine schmückende als auch eine unheilabwehrende Funktion. Im Giebelfeld kam häufig Tierplastik vor.

Mit diesem Komplex von verschiedenartigen und vielfältigen Bauverkleidungen, die auch bei wichtigen Profanbauten angewendet wurden, gaben die Etrusker ihrer Baukunst ein eigenartiges Gepräge von Reichtum und Lebendigkeit. Ihr Baustil ist von einer reichhaltigen Phantasie gekennzeichnet, von rhythmischen Wiederholungen der Motive und auch von einem ununterbrochenen Licht- und Schattenspiel. Dies alles ist das Resultat einer *technischen Perfektion,* die durch die erhaltenen Funde belegt wird.

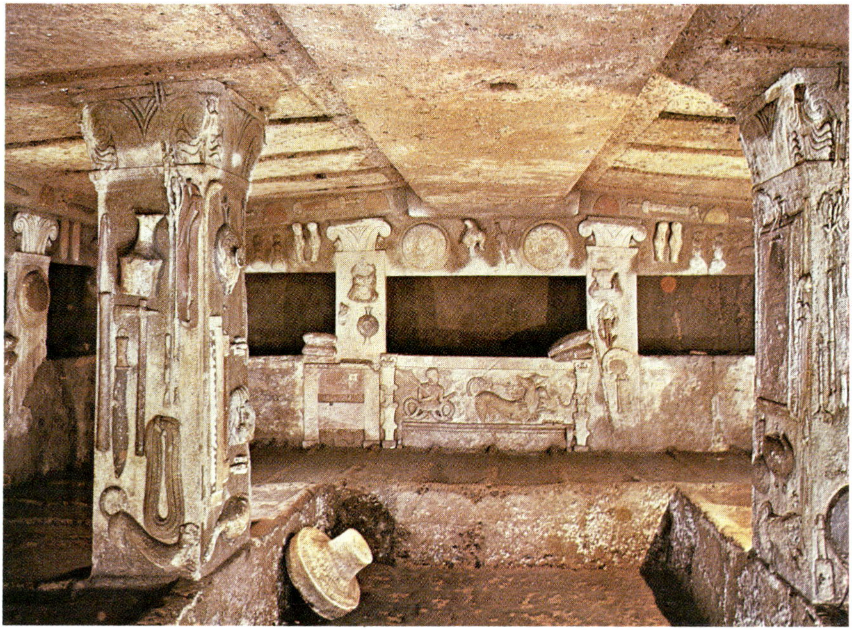

▲ Das Innere der *Tomba dei Rilievi in der Nekropole von Cerveteri*, 3. Jahrhundert v. Chr. An den Wänden und auf den beiden großen Pfeilern erscheinen *Stuckreliefs*. Der Name der Tomba leitet sich von diesen Reliefs ab. Die nachgeahmten Gegenstände wirken realistisch und haben Ähnlichkeit mit den ausgegrabenen.

Jenseits des dekorativen und technologischen Aspekts muß man die Tatsache erwähnen, daß die Etrusker innerhalb dieser Serienproduktion auch originelle Kunstwerke schufen. Ein Beispiel ist der *Apollo (Aplun) von Veii,* um 500 v. Chr., heute in Rom, eine der Firstfiguren vom *Portonaccio-Tempel in Veii* aus der Werkstatt des *Vulca.*
Er verkörpert eine etruskische Monumentalkunst und erinnert an Vorbilder aus der *Villanovaarchitektur*. Bereits in der Eisenzeit wurden die Hütten mit bekrönendem Dachschmuck versehen. In Griechenland gab es diese schmückenden Architekturelemente nicht.

Die Skulptur

▼▶ Die Gegenstände, welche in Form von Stuckreliefs in der *Tomba dei Rilievi* dargestellt sind, geben Aufschluß über die häuslichen Sitten und Gewohnheiten der Etrusker. Am Pfeiler links sieht man aufgehängte Seile, einen Wurfspieß, einen Metallkrug, eine Art Teigrolle, ein Schwert und eine Axt. An der Grabrückwand, oberhalb der Grabnische, befinden sich zwei Schilde, ein Helm und ein Schwert. Auf dem Sockel des Totenbettes ist *Zerberus,* der dreiköpfige Wachhund des Hades, abgebildet. Am Fuß des Pfeilers befindet sich als Wächter ein Haustier.

Auch die erhaltenen plastischen Bildwerke vermitteln uns heute einen Eindruck von der Kunst der Etrusker. Sie sind fast ausschließlich im Zusammenhang mit Kulthandlungen zu sehen. Der etruskischen Skulptur waren, soweit man weiß, profane Motive, historische Ereignisse, die Verherrlichung nationaler Heldentaten und „Genredarstellungen" fremd. Typisch für die etruskische Skulptur ist die Unmittelbarkeit, Expressivität, die auf Wirkung bedachte Form. Sie ist das Produkt einer eigenwilligen bildhauerischen Bearbeitung. Ein Grund hierfür ist die Tatsache, daß die Etrusker die Kunst und Technik der *Tonbearbei-*

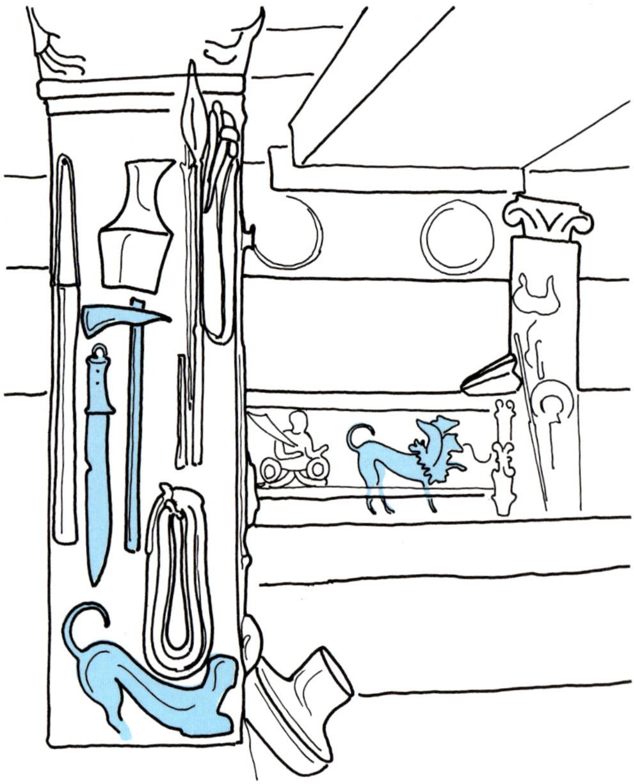

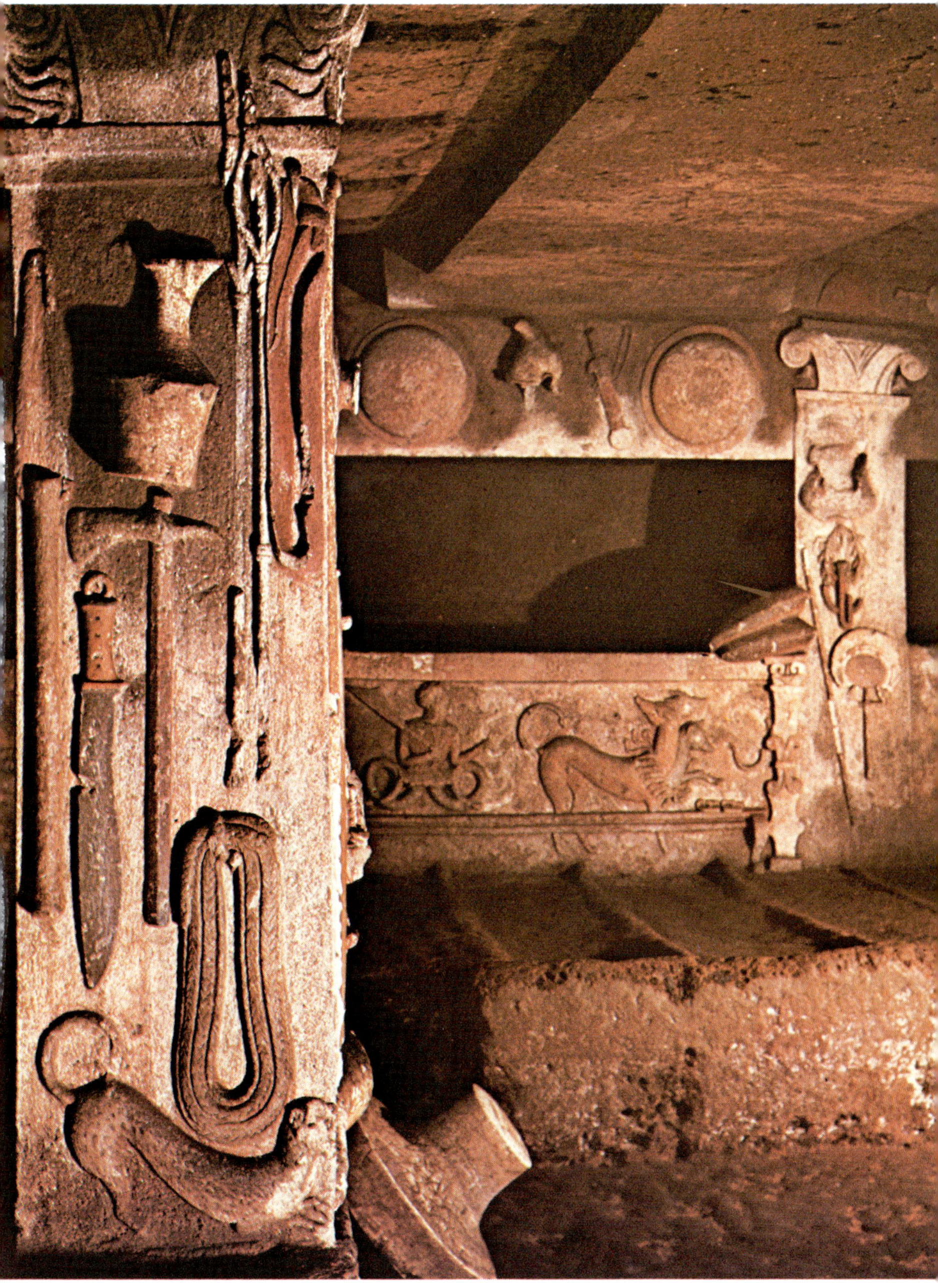

▼ ▶ *Grabstein des Avile Tite,* 570–550 v. Chr., Tuffstein, Volterra, Museo Guarnacci. Der Verstorbene ist als *Krieger* mit Perücke, Bart, Lanze und Dolch wiedergegeben. Der Griff des Dolches hat die Form eines Vogelkopfes. Typisch ist die lineare Auffassung. Der ehemals bemalte Grabstein verdeutlicht die Schmuck- und Farbenfreude der Etrusker; dadurch kam das *Flachrelief* erst zur Wirkung.

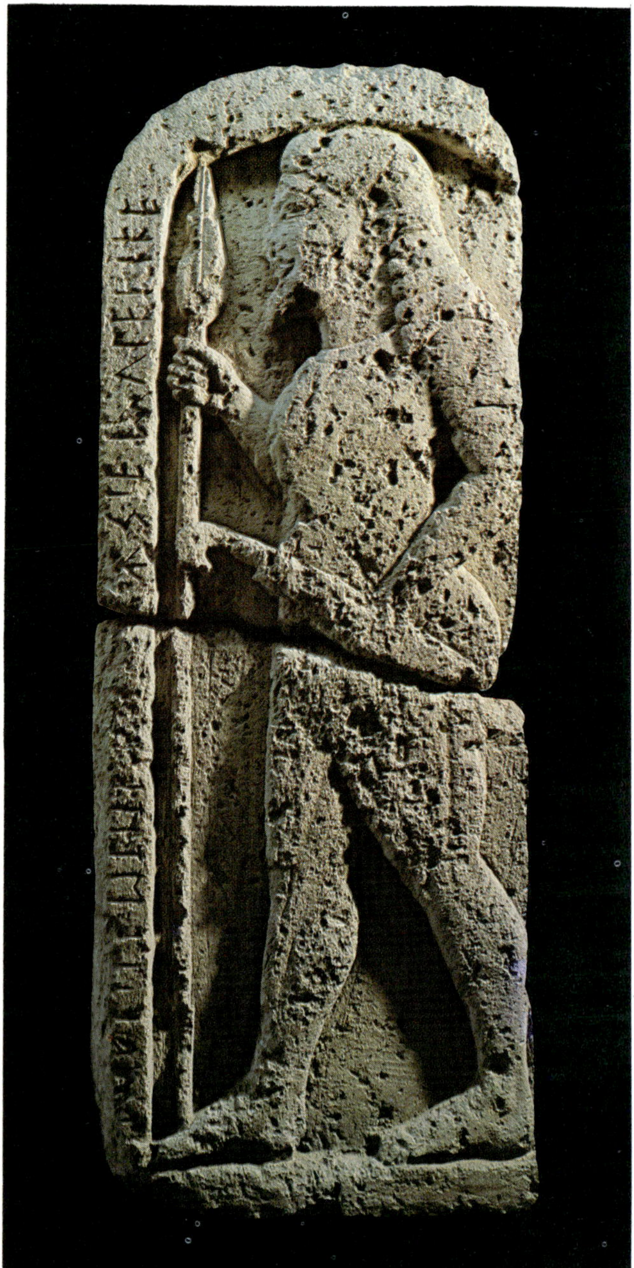

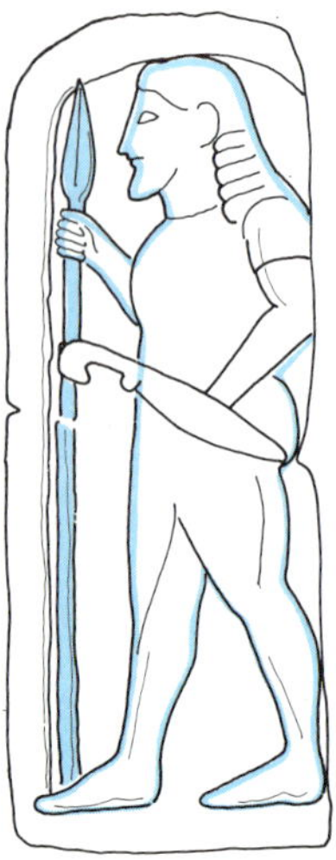

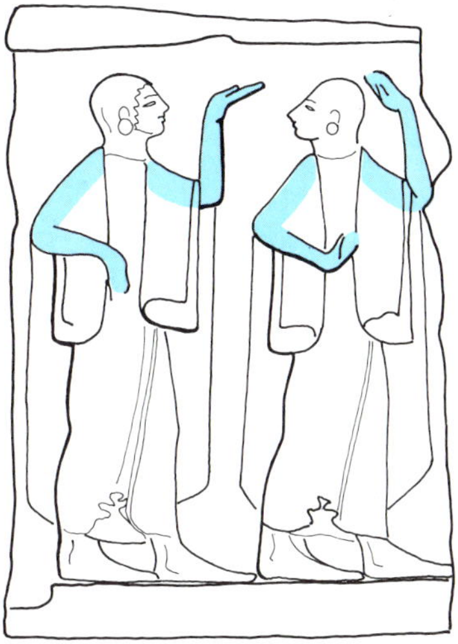

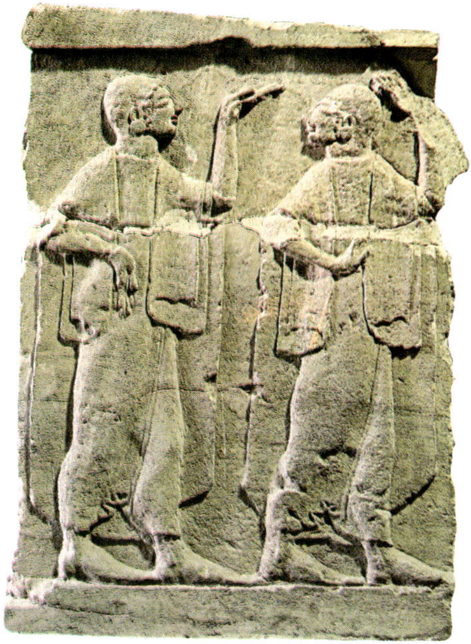

▲ ▶ Flachrelief mit zwei *Tänzerinnen,* 6. Jh. v. Chr. Arezzo, Museo Archeologico. Diese Darstellung, die aus der Gegend von *Chiusi* stammt, zeigt, wie die Etrusker ihren Grabbereich mit *Tänzen und Spielen* geschmückt haben. Die kräftigen und linearen Elemente verbinden sich mit Eleganz, Grazie, Rhythmus und Harmonie.

tung, die Koroplastik, meisterlich beherrschten. Vorzugsweise wurde die keramische Technik der *Terrakotta,* des unglasierten, aber gebrannten Tons angewendet. Daneben gab es unter den bildhauerischen Erzeugnissen Etruriens auch in Stein gehauene Arbeiten und Bronzeplastik. Mehr als zwanzig Fragmente von lebensgroßen *Steinfiguren* wurden in der *Tomba della Pietrera in Vetulonia* aus dem 7. Jahrhundert v. Chr. gefunden. Reliefarbeiten aus Stein sind ebenfalls in Form von Grabsteinen erhalten (s. Abb. S. 26, 27). Bei den Sarkophagen aus Stein handelt es sich jedoch um Arbeiten, die entweder von den aus Ton gefertigten beeinflußt sind, und daher nicht die eigentümlichen Charaktermerkmale der Steinskulptur aufweisen, oder um Beispiele, welche deutlich griechische Einflüsse zeigen und somit keine eigenständige Leistung der Etrusker sind.
Die Vorliebe für die Tonbearbeitung hat in der etruskischen Plastik qualitätvolle Werke hervorgebracht.
Bei der Steinbearbeitung werden, während der Marmor noch vollkommen unbeachtet bleibt, leicht zu bearbeitende Steine bevorzugt, zum Beispiel *Tuff, Sandstein oder*

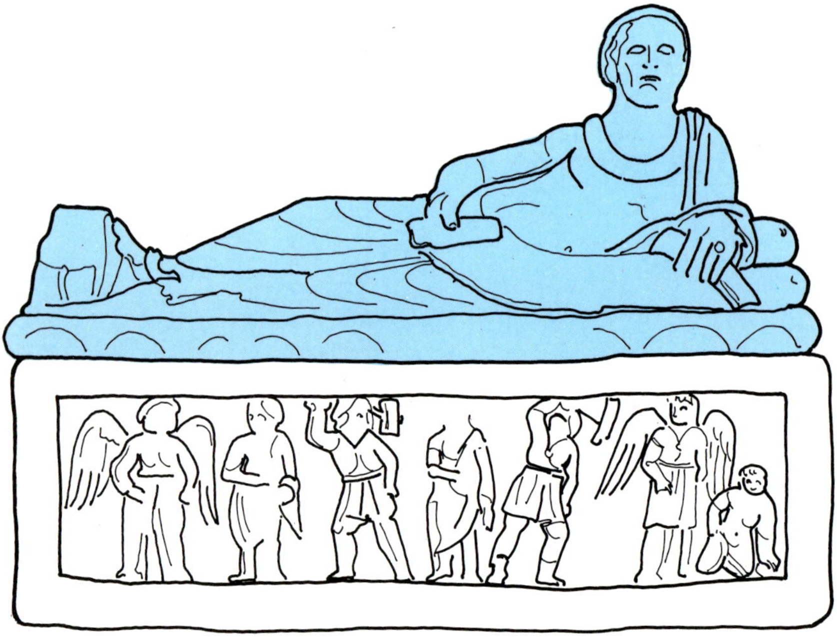

▲ Eine Entwicklung des *etruskischen Porträts* läßt sich anhand der *Graburnen* ablesen. Die Toten sind auf den Deckeln ihrer Särge und Aschenurnen abgebildet. Es handelt sich noch um keine psychologischen Analysen, Eigenschaften und Mängel werden als reine Beschreibung wiedergegeben. Daher wird die Porträtkunst der Etrusker auch als realistisch bezeichnet.

Alabaster. Diese Steinarten erlauben eine direkte und leichte Bearbeitung, sie kommen dem Charakter des bevorzugten Tons nahe. Die Steinplastik erreichte nur selten die Originalität der Tonplastik.

Das Relief wurde vorwiegend zum Schmuck der Gräber verwendet. In der archaischen Periode wurde das Relief als *Flachrelief (Bas-Relief),* eher Zeichnung als Skulptur, gestaltet. Die plastische Bearbeitung des Steins war minimal, sehr flächig, aber raffiniert. So kam es zu Lösungen, in denen das Spiel der Linien eine entscheidende Bedeutung erhielt, zu Wirkungen, die ausgesprochen malerisch waren.

Im Laufe der Zeit werden die Darstellungen gedrängter, erhabener gearbeitet und bewegter.

Was die Motive und Inspirationen des bildhauerischen Schaffens anbetrifft, so sind auch diese in der Sphäre der Toten- und Gräberwelt zu suchen. Die Aufmerksamkeit konzentriert sich hierbei vollkommen auf den Gegenstand

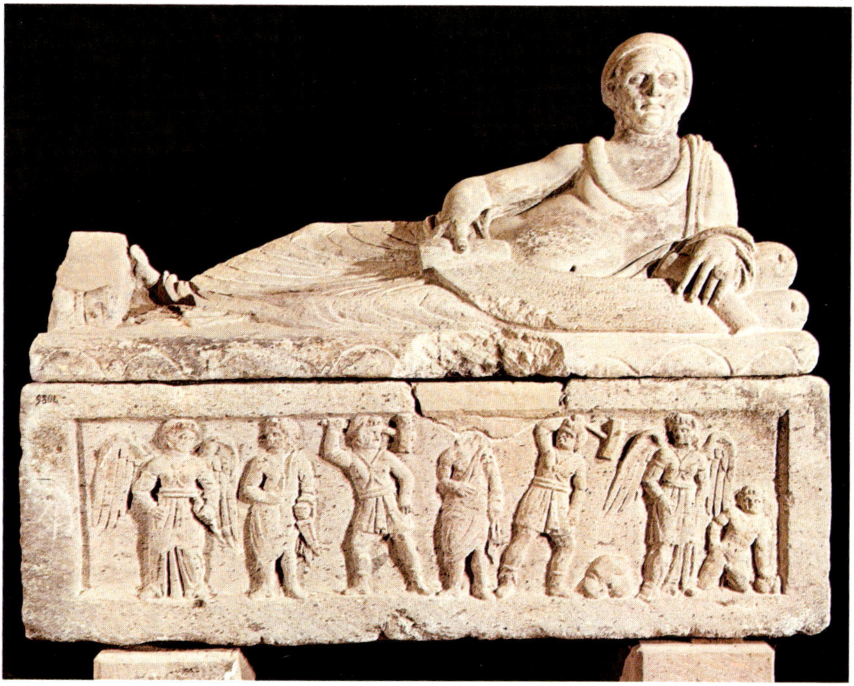

▲ *Sarkophag des Laris Pulena,* eines Magistraten und Mitglieds einer wichtigen Familie. Dies bezeugt die auf der Schriftrolle angebrachte Inschrift. Tarquinia, Museo Nazionale Tarquiniese. Der Körper des Toten bildet den Deckel des *Sarkophags.* Auf dem Relief erscheint der Verstorbene zwischen zwei Dämonen, die im Begriff sind, ihn zu erschlagen; links davon ein Mann mit Dolch.

und seine Bedeutung. Das Problem des „letzten Schliffs", der vollkommenen Ausarbeitung, spielt nur eine untergeordnete Rolle. Somit bleibt dem etruskischen Bildhauer jener Prozeß fremd, durch den der griechische Künstler zur Theoretisierung und Festlegung wirklicher Ausdrucksregeln und Richtlinien gelangte. Dies wird auch deutlich durch das mangelhafte Interesse der Etrusker an der menschlichen Anatomie und der Aktdarstellung. Der menschliche Körper wird fast immer durch eine schematische Behandlung der Oberfläche, massive Volumen und ein unorganisiertes Hervorheben und Wiedereinarbeiten der Massen (wie etwa im *Sarkophag der Eheleute von Cerveteri,* um 520 v. Chr., s. Abb. S. 30, 31) wiedergegeben. Teilweise wird, wie im Falle des „Apollo von Veii" (s. Abb. S. 35), eine ausgesprochene Ausdruckssteigerung und Bewegungsdichte erreicht, welche die Masse zum Leben erwecken. Wegen dem Mangel an plastischen Grundvorstellungen und höheren ästhetischen Interessen bildete

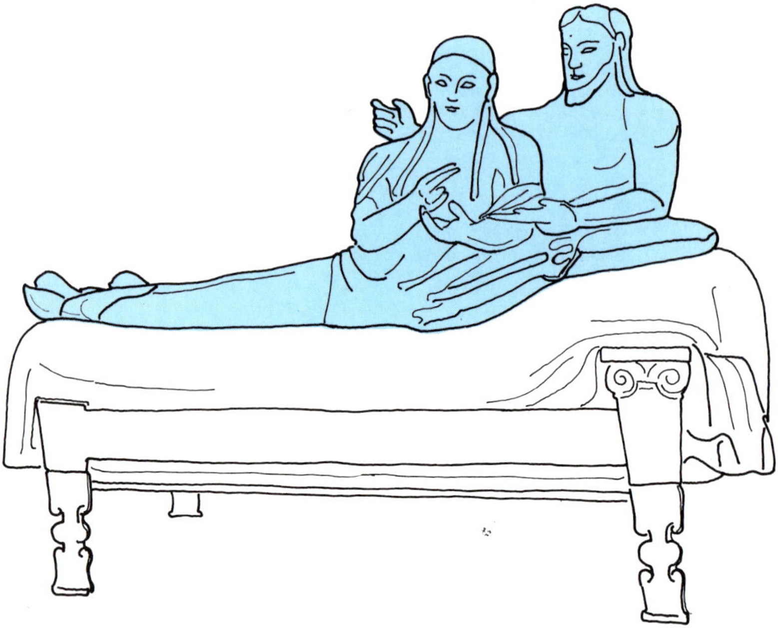

▲ Die Hauptwerke etruskischer Skulptur sind aus *gebrannter Tonerde (Terrakotta).* Diese *Aschenurne* zeigt ein Ehepaar auf einer Kliné. Die Oberkörper und die Kopfpartien sind stark herausgearbeitet, die unteren Körperpartien vernachlässigt. Der Ausdruck der Gesichter, die Gestik, sind stark ausgeprägt, aber noch nicht individuell. Griechische Einflüsse sind auch hier feststellbar.

sich in Etrurien keine eigene Schule aus. Impulse von außen, hauptsächlich aus Griechenland, sind in der gesamten etruskischen Kunst feststellbar. Bei der Wiedergabe des ausgewählten Gegenstandes ist das, was den etruskischen Künstler am meisten zu interessieren scheint, die *Unmittelbarkeit, der Effekt.* Das formbare Material des *Tons* kam diesen Vorstellungen entgegen. Das Herausarbeiten der malerischen Werte, die Freude an der *Farbe* war vorrangig. Die Farbgebung ist eng mit der Form verbunden. Sie ist nicht einfach hinzugefügt, sondern bildet mit ihr zusammen erst das Kunstwerk, so daß eine Form ohne Farbe unvorstellbar wäre.

Wir haben schon an den „Apollo von Veii" erinnert, und das nicht ohne Grund. Diese aus Terrakotta gearbeitete Statue ist ein Hauptwerk der etruskischen Plastik. Mit dieser und anderen *Dachfirstfiguren* (s. Abb. S. 34, 35) verbindet sich auch der einzige Name eines etruskischen Künstlers, der durch antike Quellen bekannt wurde: *Vulca aus Veii,* von dem überliefert wird, daß er auch in Rom an der Dekoration des Kapitolinischen Tempels in der 2.

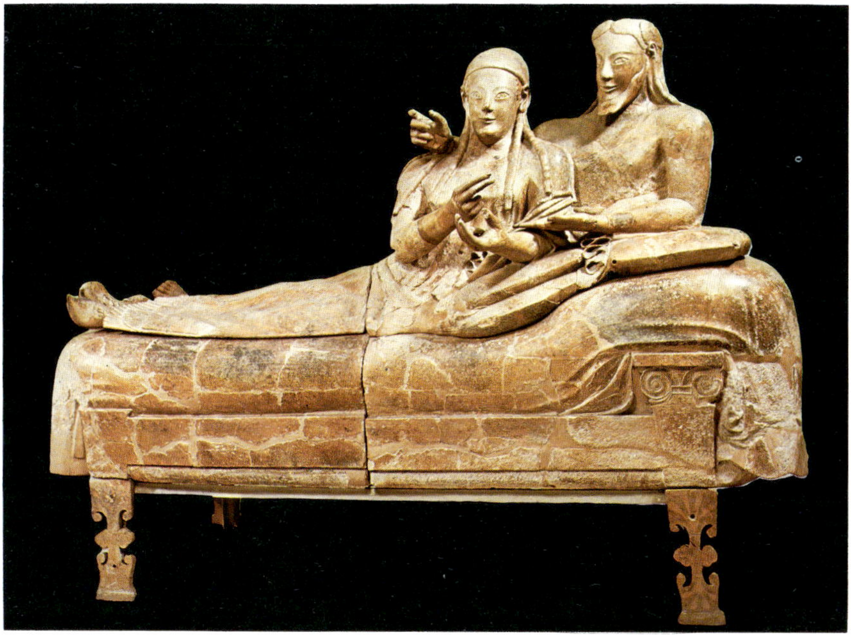

▲ Der sog. *Ehegattensarkophag aus Cerveteri,* um 520 v. Chr., Terrakotta, Rom, Museo Nazionale di Villa Giulia. Die Hände hielten vermutlich Gegenstände, vielleicht Eier. Das Ei ist Symbol des Lebens und der Erneuerung.

Hälfte des 6. Jahrhunderts v. Chr. mitgearbeitet hat. Akrotere und Kultstatuen werden ihm zugeschrieben.
Die bemalte Terrakottastatue des *Apollo von Veii* gilt als Prototyp der etruskischen Kunst. Er ist das ausdrucksvollste Zeugnis von Individualität und Einzigartigkeit der etruskischen Plastik. Hier verbindet sich der griechisch-ionische Einfluß mit enormer eigener Ausdruckskraft. Lokale und eigene Stilmerkmale werden zu einem einzigartigen Kunstwerk verschmolzen: Der Körper ist muskulös und kraftvoll, das Gesicht wirkt ausgesprochen lebendig. Die geöffneten Lippen scheinen zu sprechen, die großen, mandelförmigen Augen und das strenge Profil sind scharf herausgearbeitet. Die Statue ist unverwechselbar und neuartig, einmalig und unwiederholbar. Der Stil ist kraftvoll und ausdrucksstark. Auch die anderen, lebensgroßen Figuren dieser Gruppe, die 1916 entdeckt wurden, *Herakles,* der *Hermeskopf* und die *Göttin mit Kind* (s. Abb. S. 34), sind zwar rein äußerlich verschieden, in Form und Wiedergabe der Ausdruckskraft lassen sie aber auf einen gemeinsamen Künstler schließen. Auch diese anderen Terra-

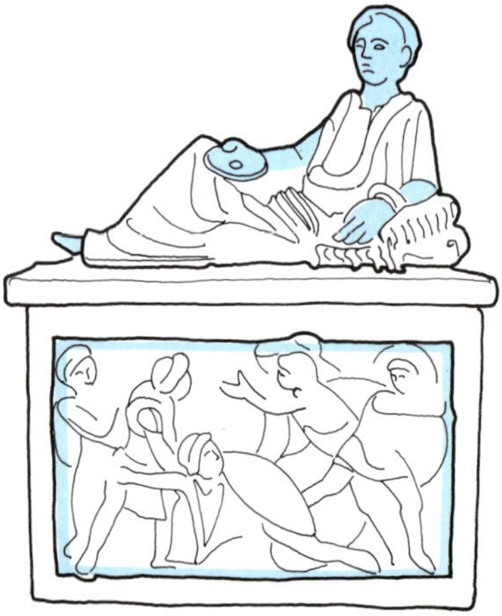

◀▼ *Aschenurne* aus dem 2. Jh. v. Chr. mit der „Schlacht zwischen Griechen und Kelten" (oder auch „Kampf um den Leichnam des Patroklos"). Auf dem Deckel das Bildnis des Verstorbenen. Florenz, Casa Buonarotti. Diese Graburne wurde 1721 bei Chiusi entdeckt. Das *Epitaph* nennt die Namen der Toten und ihrer Vorfahren. Die außergewöhnlich gute Erhaltung der Farben zeugt von ihrer wichtigen Rolle. Die Terrakotten wurden mit kräftigen Farben bemalt.

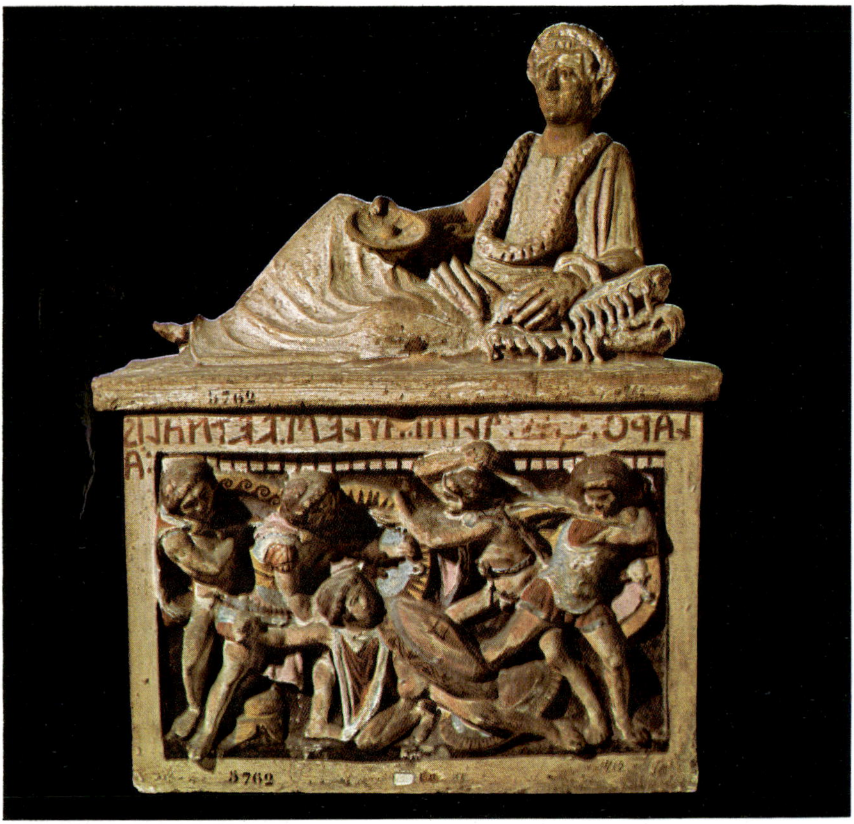

▼▶ Die *Zierleiste,* welche die beiden oberen *Reliefszenen* dieser aus hellem Stein gearbeiteten Grabstele umfaßt, hat die Aufgabe, die Tiefenwirkung der Darstellungen, die in Wirklichkeit sehr flach gearbeitet sind, zu verstärken. 475–470 v. Chr., Fiesole, Museo Archeologico.

kottastatuen, die der Dachverkleidung des *Portonaccio-Tempels in Veii* dienten, sind ebenfalls originelle Leistungen. Dabei sind sie mit einer einfachen und sicheren Eleganz gestaltet. Sie demonstrieren eine ausgeprägte Erfindungsfreiheit und zeigen denselben individuell orientierten Stil. Es ist gerade das Verdienst dieses Stils, der uns Grund dazu gibt, von einem „Meister des Apollo“ zu sprechen, der zweifellos die größte und eigenständigste Künstlerpersönlichkeit ist, die wir aus der etruskischen Zeit kennen.

Die Statuen von Veii, „die in keiner Weise vorbereitet oder antizipiert scheinen“ (Mansuelli), sind eine Einzelerscheinung. Sie bilden daher auch nicht, obwohl sie zweifellos einen Fixpunkt in der etruskischen Kunstproduktion dar-

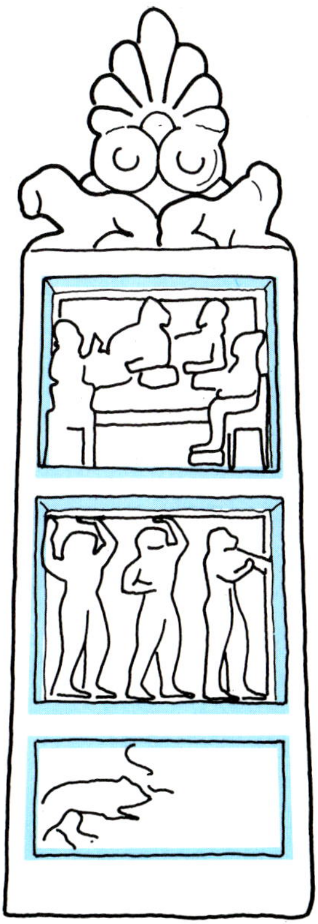

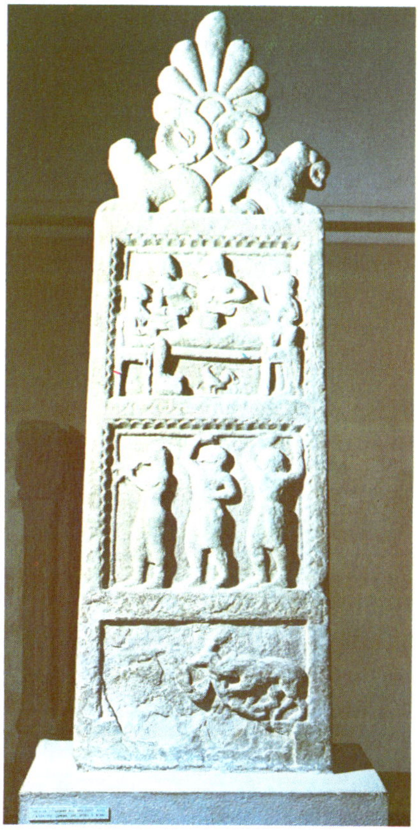

▼▶ Die *Göttin mit Kind,* vielleicht Leto mit dem kleinen Apollo, stammt vom *Portonaccio-Tempel in Veii,* um 500 v. Chr., Rom, Museo Nazionale di Villa Giulia. Ein wichtiger Aspekt der etruskischen Plastik ist die realistische Wiedergabe. Diese Terrakottafigur gehörte zu den *Firstfiguren* des Tempels. Die Behandlung der Gewandfalten folgt griechischen Vorbildern.

stellen, einen Schlußpunkt oder die Endphase eines Prozesses. Sie stehen auch nicht am Beginn einer neuen Strömung, denn sie bleiben in ihrer Wirkung isoliert und ohne Auswirkung auf die Reliefkunst.

Leider sind keine Beispiele von jenen in Terrakotta ausgeführten Kultskulpturen mehr erhalten, welche die römischen Schriftsteller zahlreich erwähnten. Hinsichtlich der erhaltenen Statuetten, die als „ex voto" in verschiedener Weise Andächtige und Götter versinnbildlichen und in großen Mengen gefunden wurden, ist zu sagen, daß man selten über das Niveau der Serienherstellung hinauskam.

Über die *Holzskulptur* ist bis heute nichts bekannt, man vermutet aber, daß sie weit verbreitet war.

Es gibt jedoch noch einige wichtige erhalten gebliebene *Rundplastiken aus Bronze,* zum Beispiel die *Chimäre aus Arezzo* (s. Abb. S. 37), der sog. *Mars von Todi,* der *Bronzeleuchter aus Cortona* (s. Abb. S. 36) und die geheimnisvolle *Kapitolinische Wölfin* aus der Mitte des 5. Jahrhunderts v. Chr.

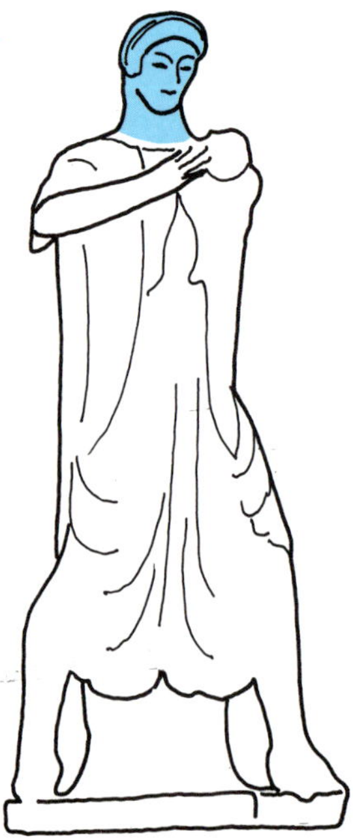

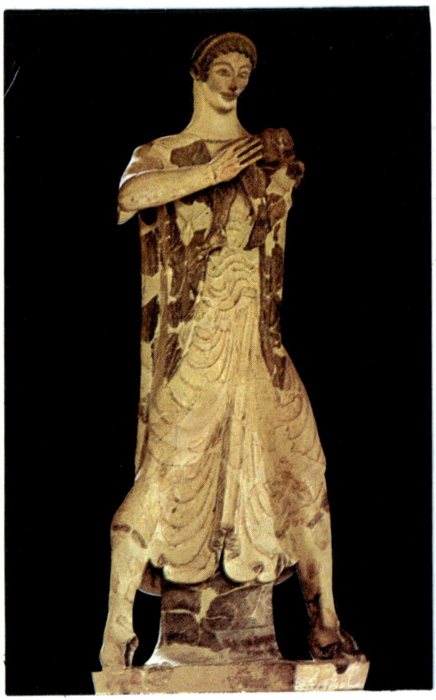

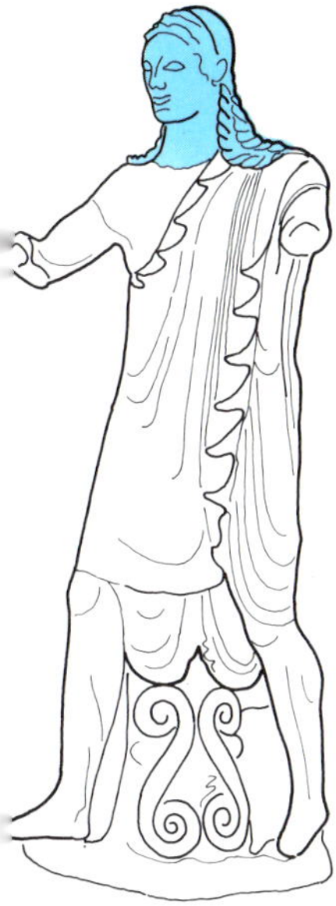

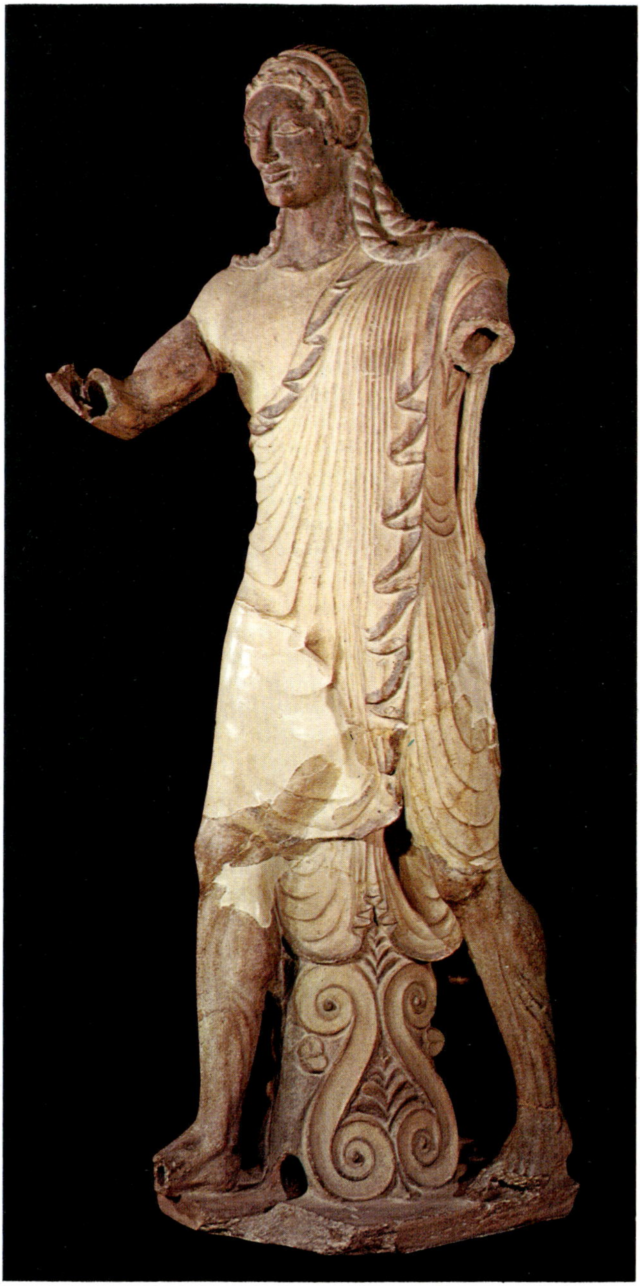

▲▶ Der berühmte *Apollo (Aplun) von Veii vom Portonaccio-Tempel in Veii* ist aus Terrakotta (Höhe 1,81 m) und könnte, wie die „Göttin mit Kind", ein Werk *Vulcas,* des einzigen etruskischen Künstlers sein, dessen Name der Nachwelt überliefert ist. Rom, Museo Nazionale di Villa Giulia. In der Gewandbehandlung und der stützenden Palmette werden griechische Vorbilder des ionischen Bereichs deutlich. Die Betonung der Bewegung, der muskulöse Körper sind typisch etruskisch.

▼ Der große Bronzeleuchter mit 16 Flammenöffnungen wird um 450 v. Chr. datiert, Cortona, Museo dell'Accademia Etrusca. Neben Stier- und Menschenköpfen sind Silene, geflügelte Sirenen, Delphine, Greife und ein Gorgonenhaupt dargestellt.

▼ ▶ Die Modellierung der Köpfe, die als Flammenhalter dieser *Öllampe* dienen, erinnert an den „ernsten" griech. Stil, jedoch mit der typisch primitiven Unmittelbarkeit der Etrusker.

Eine Untersuchung dieser *Bronzeplastiken,* die zwischen dem Ende des 5. Jahrhunderts und den ersten Jahrzehnten des 4. Jahrunderts v. Chr. datiert werden, zeigt die Krise der etruskischen Kunst. Etrurien bleibt in dieser Zeit dem kreativen Entwicklungsprozeß der klassich-griechischen Kunst fern und macht eine Phase tiefer Orientierungslosigkeit durch. Der eindeutige Beweis hierfür sind die Zeichen eines oberflächlichen Verständnisses und einer passiven Nachahmung der hellenistischen Vorbilder. Das Zusammenwirken und die Vermischung von Traditionen und

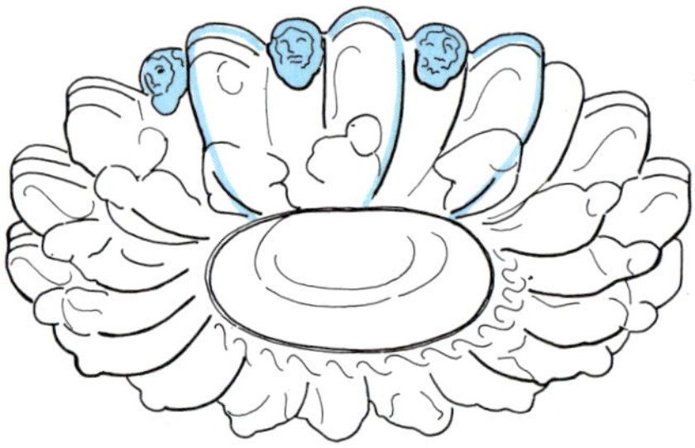

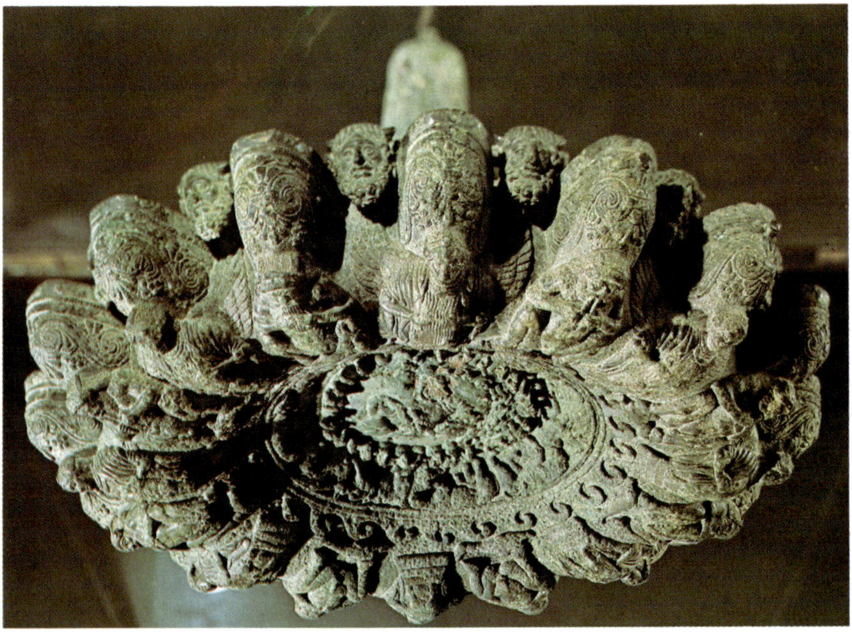

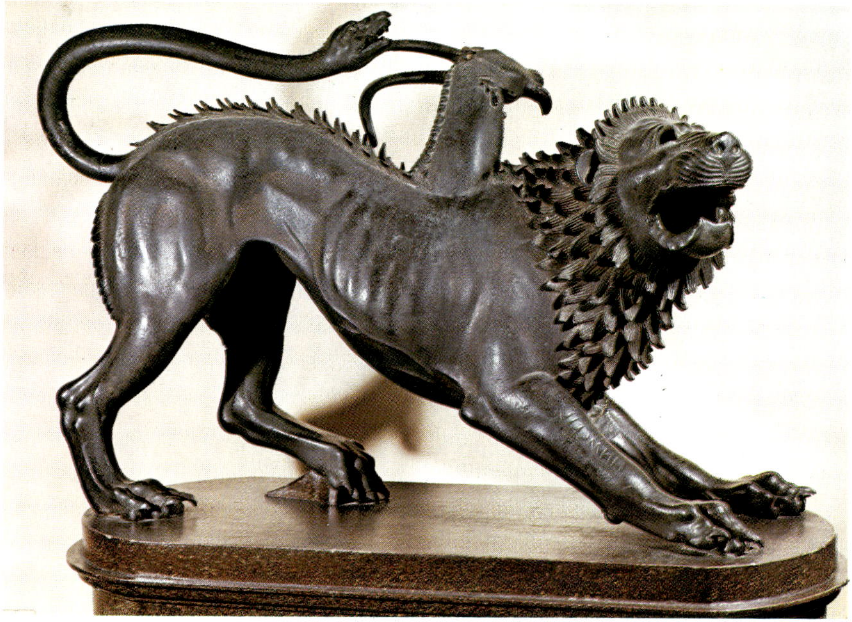

▲▶ Trotz einiger Zweifel über den Ursprung dieser Bronzearbeit belegen zwei Merkmale, daß es sich hier um ein etruskisches Werk handelt: der Ohrenansatz hinter der schematisch behandelten Mähne, zu dem es in der griechischen Kunst kein Gegenstück gibt, und die stilisiert dargestellte Verkrampfung des Mauls.

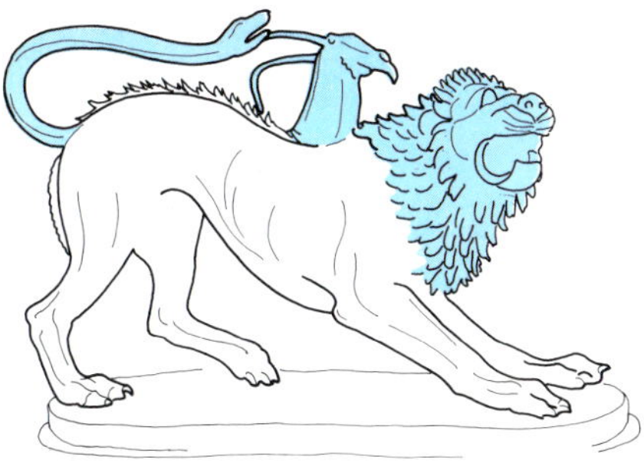

▲ Die *Chimäre* aus Bronze, 380–360 v. Chr., wurde in Arezzo wiederentdeckt. Florenz, Museo Archeologico. Die beiden linken Tatzen wurden von Benvenuto Cellini, der Schlangenkopf in der Zeit des Neoklassizismus erneuert.

verschiedenen Einflüssen, der Kontrast zwischen den von der klassischen Form ausgehenden Vorbildern und dem Fortleben der alten Gepflogenheiten, die von einer natürlichen und stets vorhandenen Neigung zur spontanen, einfallsreichen, phantastischen und antiklassischen Ausdrucksform geprägt waren, sind in der späten Phase die Kennzeichen der etruskischen Kunst.

Im Eklektizismus der hellenistischen Periode versiegen diese Gegensätze. Die Spätphase bringt, zusammen mit neuen griechischen Vorbildern und der Ablehnung der klassischen Formen, einen ausgeprägten *Sinn für Realismus* hervor, der sich auch in der Plastik feststellen läßt. Dazu kommt eine Steigerung des Ausdrucks und der Farbgebung. Häufig wird diese *Spätphase* wegen ihres Übermaßes als „barock“ bezeichnet, es entstehen viele, durch einen volkstümlichen Geschmack geprägte Kunstwerke. Dies wird in den späten *Sarkophagen aus Terrakotta,* die in *Tuscania* gefunden wurden, deutlich. Die in den Ton modellierten, plastischen Effekte haben eine suggestive Wirkung.

Einen Hinweis verdient die Entwicklung des *Porträts.* Man hat über die etruskische Erfindung des physiognomischen *Porträts* viel diskutiert. Auf der einen Seite müssen die bedeutendsten Beispiele als Derivate der hellenistischen Porträtkunst gesehen werden, auf der anderen handelt es sich hierbei zum großen Teil um Typisierungen, die noch keine individuellen Züge darstellen. Somit scheint die etruskische Kunst, in Übereinstimmung mit dem Jenseits- und Todesglauben, eher zur andeutenden Darstellung der realen Persönlichkeit als zum wirklichen Porträt zu neigen. Eine Entwicklung läßt sich aber dennoch feststellen: Die *Graburnen* sind wichtig für die Entwicklung des Porträts. Anfänglich band man *Gesichtsmasken* vor die Urnen, bei den *Kanopen* (Aschenurnen) ist der Deckel als menschlicher Kopf ausgebildet. Auch die Sarkophage, etwa der *Ehegattensarkophag aus Cerveteri* (s. Abb. S. 30, 31), sind eigentlich *Aschenurnen.* Die bemalte Terrakottaplastik zeigt deutlich, daß die Etrusker die Behandlung des Körpers zugunsten des Kopfes vernachlässigten. Die Gesichter spiegeln einen Ausdruck, sind jedoch noch nicht als individuell zu bezeichnen. Typisch ist der spätarchaische Typus der Toten, die auf einer Klinē liegen.

Im Laufe der Entwicklung des Porträts kann man wachsende Lebendigkeit und Expressivität, oft sogar krassen Realismus feststellen. Ein Beispiel ist das *Ehepaar des Urnendeckels aus Volterra,* 1. Jahrhundert v. Chr.

Auch das *römische Porträt* gewann in der Spätphase der etruskischen Kunst einen Einfluß auf die Porträtplastik.

Einige Bronzearbeiten aus dem 3.–1. vorchristlichen Jahrhundert zeigen dies deutlich. Die Statue des „Aulus Metel-

▼ Detail des Alabastersarkophags mit einem *Porträt des Larth (oder Laris) Sentinates Larena* auf dem Deckel. Auf der Stirnseite eine „Schlacht gegen gallische Soldaten". Chiusi, Museo Civico.

lus", der sog. *Arringatore* in Florenz, ist von besonderer Bedeutung. Die Inschrift am Saum der Toga ist etruskisch und gibt Aufschluß über den Namen des Dargestellten. Die Pathetik des Hellenismus ist überwunden, die Annäherung an den römischen Verismus nicht zu übersehen.

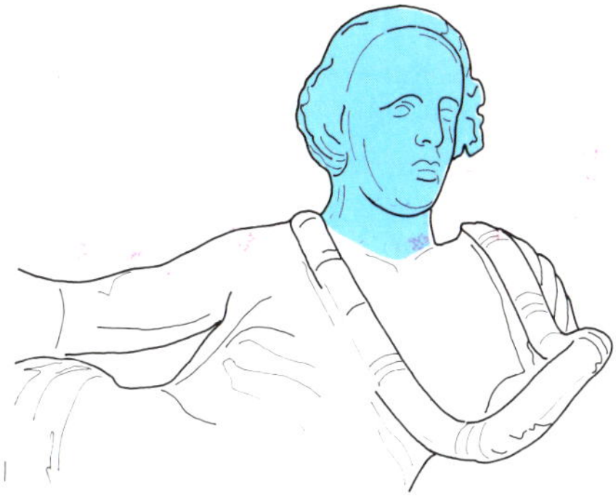

◄▼ In den zahlreichen Darstellungen der Toten auf den Deckeln von Sarkophagen und Graburnen richtet sich das Interesse des etruskischen Bildhauers auf den Kopf, die anderen Körperpartien sind wenig ausgebildet.

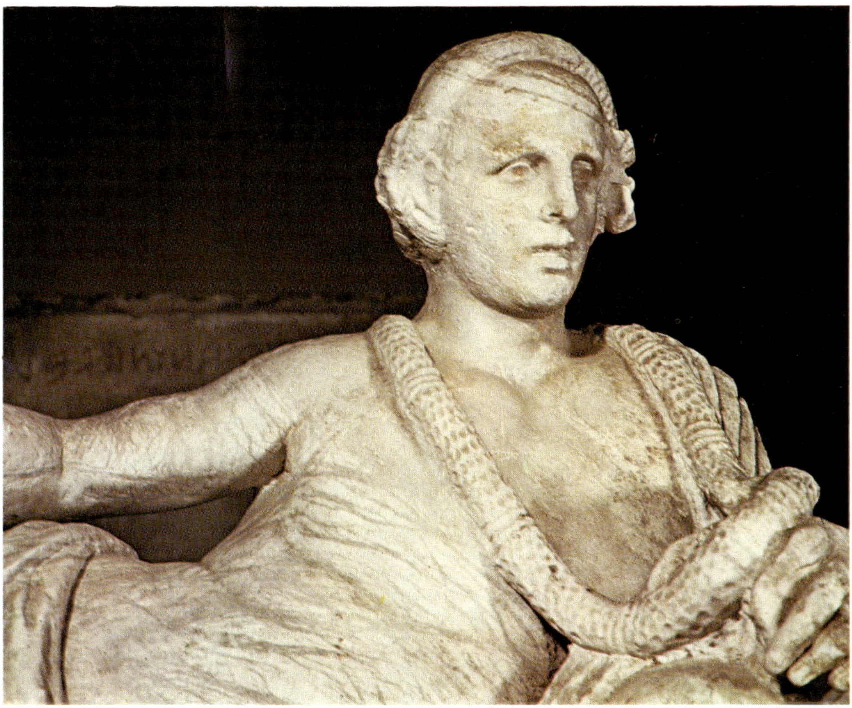

Die Malerei

▼ Die Malerei an den Wänden im Innern der etruskischen Gräber hat die Funktion, dem Toten das vertraute Milieu zu erhalten. In diesem Sinne tendieren die gemalten Deckenstreifen, Sockel und Balken dazu, die Totenwohnungen den realen Häusern anzugleichen.

In den Gräbern der wohlhabenden und vornehmen Etrusker ist eine Vielzahl von *Wandbildern* erhalten. Es handelt sich hierbei um eine hervorragende Grabmalerei. Obwohl einzelne Beispiele für eine als Innendekoration angewandte Malerei in den sakralen Bauten und auch in den Wohngebäuden vorhanden sind, gehört der Großteil der Werke der etruskischen Malerei den Gräbern selbst an. Die wichtigsten Beispiele wurden in *Tarquinia* gefunden, aber auch in *Chiusi, Veii, Cerveteri, Vulci* und *Orvieto* gibt es erhaltene *Wandmalereien.* Auch diese Darstellungen sind von praktischen Zielsetzungen, die den Bedürfnissen hinsichtlich den Vorstellungen über das Jenseits, vor allem bei wohlhabenden Familien, entsprechen, geprägt. Die *Wandmalerei in den Gräbern* soll den Toten die Lebenswelt in ihrem endgültig gewordenen Wohnsitz wieder zurückgeben. Die Etrusker gingen davon aus, daß der Tote mit einem Teil seiner Individualität nach dem

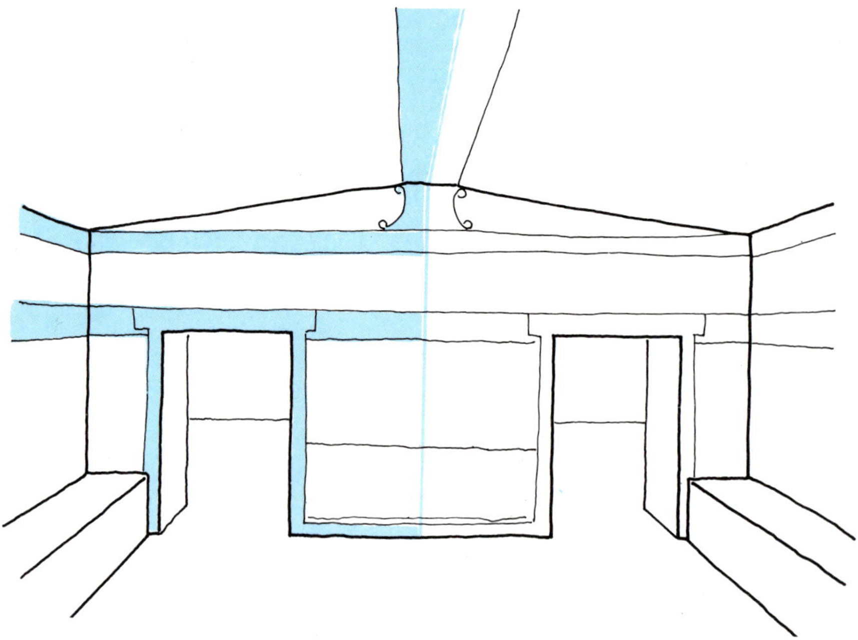

▼ Das Innere der *Tomba dei Tori in Tarquinia,* etwa 550 v. Chr. Diese Tomba ist ein Beispiel mit einem Hauptraum und zwei Kammern. Dargestellt ist die Geschichte von *Troilos und Achilleus,* darüber ein Friesband, erotische Szenen und Tierdarstellungen im Giebelfeld. Die Wände der hinteren Räume sind ebenfalls mit Stieren und Seepferdchen bemalt.

Tode weiterlebte. Die Toten bekamen das mit ins Grab, was für sie zu Lebzeiten besonders wichtig war: Schmuck, Hausgeräte, Waffen etc. Davon handeln auch die Themen: Spiel, Tanz, Bankette, Fischfang- und Jagdszenen, erotische Darstellungen, Arbeitsdarstellungen. Die Elemente, die in Form von Ornament vorkommen – Verzierungen, Sockel etc. – versuchen, das häusliche Milieu festzuhalten. Das geschieht sogar dadurch, daß man Balken, Decken und Betten nachahmte. Mit Hilfe von *Stuckreliefs* und Bemalung werden die Grabanlagen zu *Totenwohnungen* gemacht, zum Teil wurde auch Mobiliar in Stein nachgearbeitet.

Unter den Ereignissen des täglichen Lebens, die in der Regel nur auf das Leben der reichen Familien bezogen sind, werden häufig bewegte Szenen dargestellt, Tänze, Wettkämpfe, Spiele. Man glaubte, den Toten etwas von der Kraft, der Macht und der Vitalität, die in diesen Bildern ausgedrückt werden, vermitteln zu können.

Andererseits werden aber auch häufig große, feierliche Bankette mit Musikanten und Tänzern dargestellt. Das

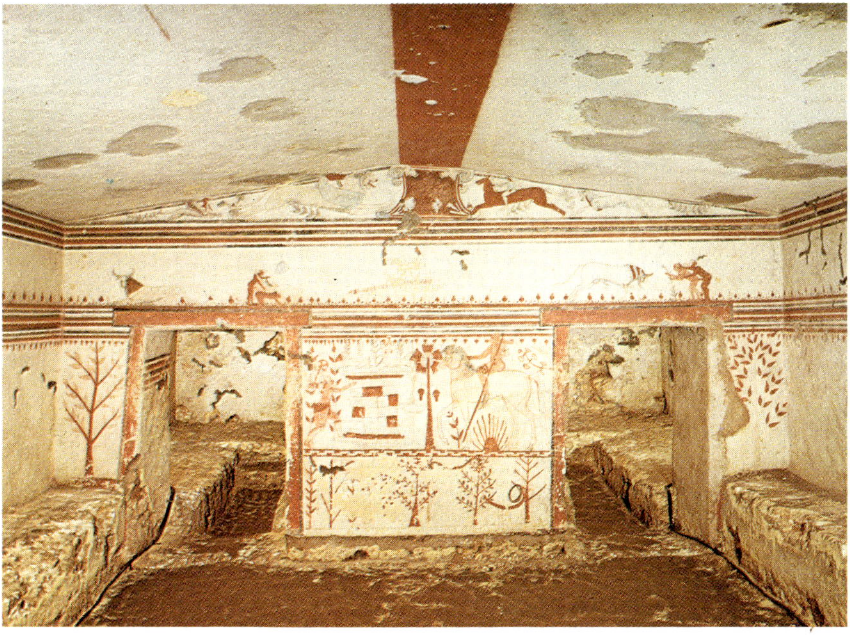

Motiv des *Festmahls,* meist ein *Totenmahl,* nahm in der Regel die Hauptwand der Tomba ein.

Der grundlegend realistische Charakter dieser Szenen weicht am Beginn des 4. vorchristlichen Jahrhunderts gewissen, bis heute nicht erklärbaren Motiven. Zu der Auffassung, daß der Tote in seiner Begräbnisstätte fortlebt, kommt eine weitere, durch die griechische Mythologie bedingte, hinzu. Diese geht von einer Wanderung der Seele in die Unterwelt aus. Man kann seit dem 4. Jahrhundert v. Chr. bestimmte Vorstellungen von der Unterwelt, dem griechischen Hades, feststellen. Diese Szenen, die ein ganz neues Element größter Originalität einführen, beziehen sich daher immer auf die jenseitige Welt. Darstellungen von *Todesdämonen* treten auf. In dieser finsteren und phantastischen Welt mit unheimlichen, höllischen und göttlichen Wesen, Dämonen, Göttern und mythologischen Helden finden sich auch Schilderungen oder Inschriften mit genealogischen Erläuterungen. Sie hatten die Funk-

▼▶ Detail der *Wandmalerei aus der Tomba dei Tori, Tarquinia.* Der auf dem Pferd sitzende Knabe ist Troilos, Sohn des Priamus, König von Troja. Er wird von Achilleus, der ihm auflauert, umgebracht. Typisch sind die starken Konturen der Zeichnung. Die Farbe wird gleichmäßig nach bestimmten Prinzipien aufgetragen. Der männliche Körper wird rotbraun, der weibliche hell, die architektonischen Elemente dunkelrot dargestellt.

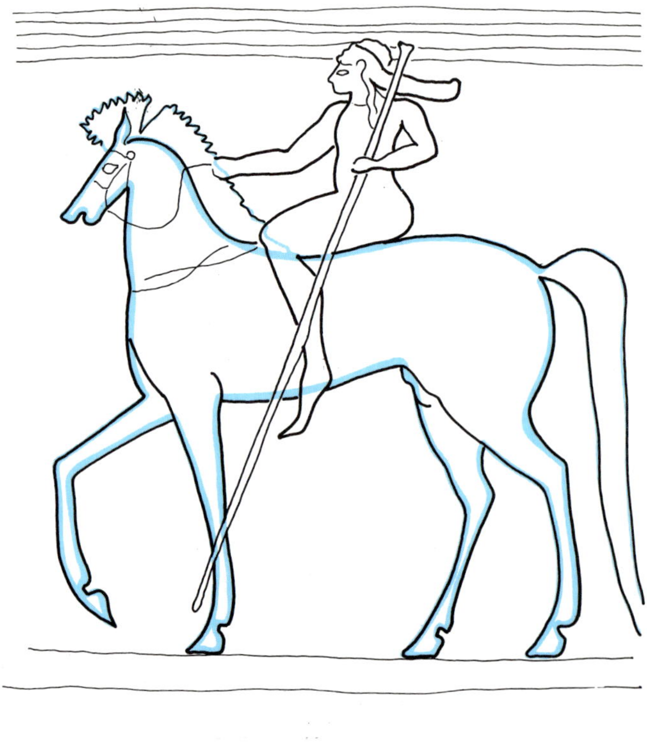

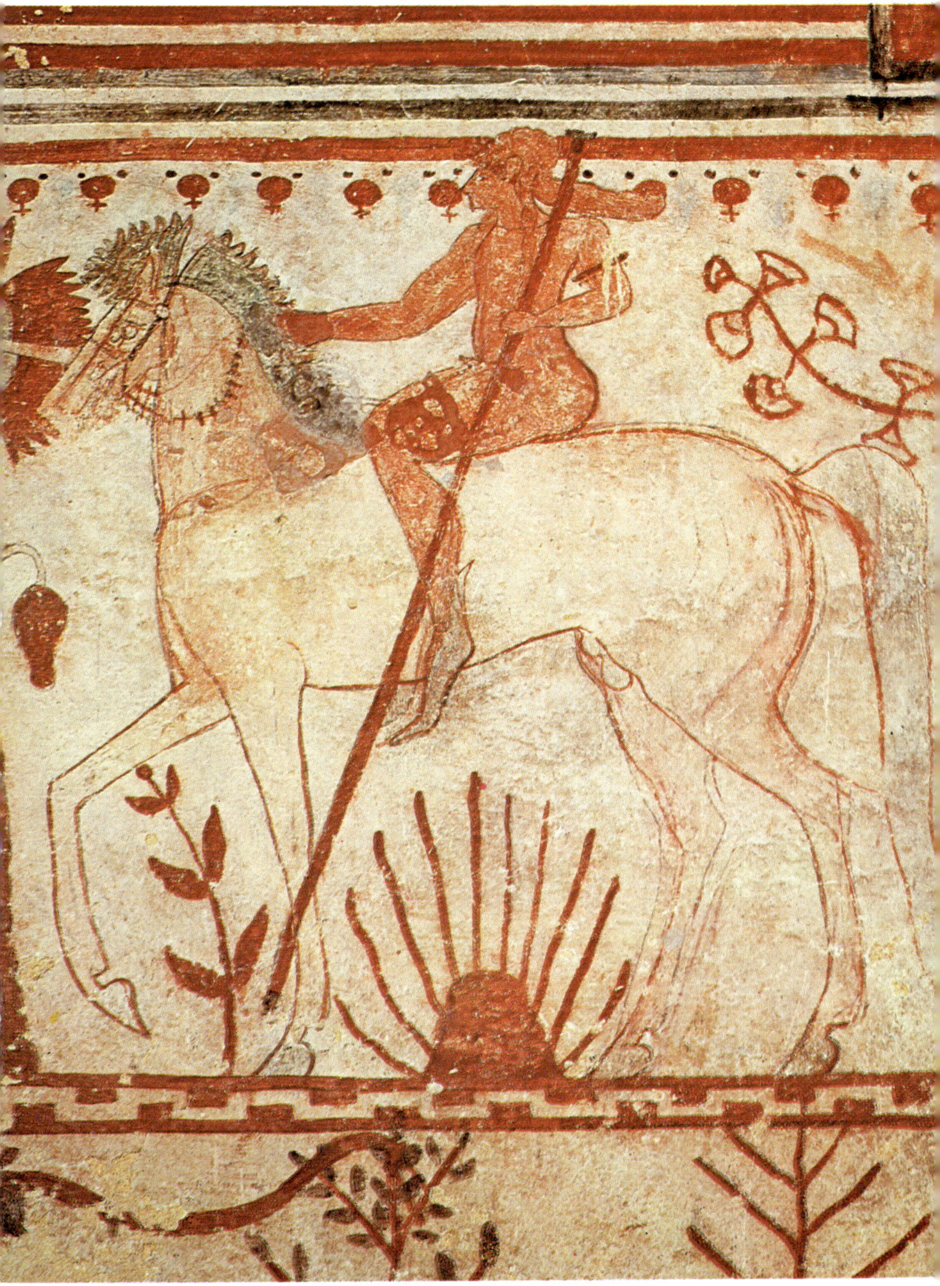

tion, große und bedeutende Familien zu preisen. Diese Darstellungen verteilen sich im allgemeinen auf fortlaufende Szenen. Sie haben eine erzählende Funktion, in der Thematik den früheren Wandbildern durchaus verwandt. Trotzdem läßt sich ein gewisser pessimistischer Grundzug feststellen. Die Ursache ist nicht geklärt, die Todesdarstellungen verdrängen die frühere Heiterkeit und Fröhlichkeit (s. Abb. S. 49). Mythologische Szenen waren in den früheren Wandmalereien seltener, die Spätzeit nimmt diese Motive stärker auf.
Die kompositorische Ausführung der Wandmalereien ist einfach. Man kann eine gewisse Neigung zum *symmetrischen Bildaufbau* feststellen, die Funktion der Figur ist immer wichtiger als ihre Form. Dies unterscheidet die etruskische Kunst von der griechischen.

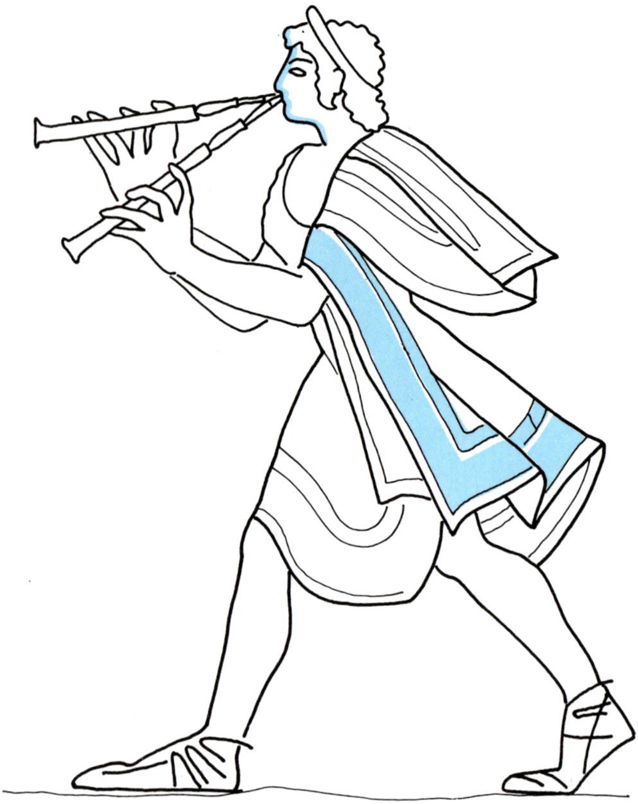

◀▶ Die Ungezwungenheit der etruskischen Malerei und die Freude am schmückenden Detail lassen sich in der Wandmalerei immer wieder feststellen. Ein Beispiel ist die Gewandbehandlung dieses *Doppelflötenspielers*. Der handwerkliche Entwicklungsstand wird durch die unverhältnismäßig großen Hände ersichtlich. Diese Figur befindet sich in der *Tomba dei Leopardi in Tarquinia,* um 450 v. Chr. Freude an *Spiel und Tanz,* die hier einer Bankettszene zugeordnet sind, kommen immer wieder vor.

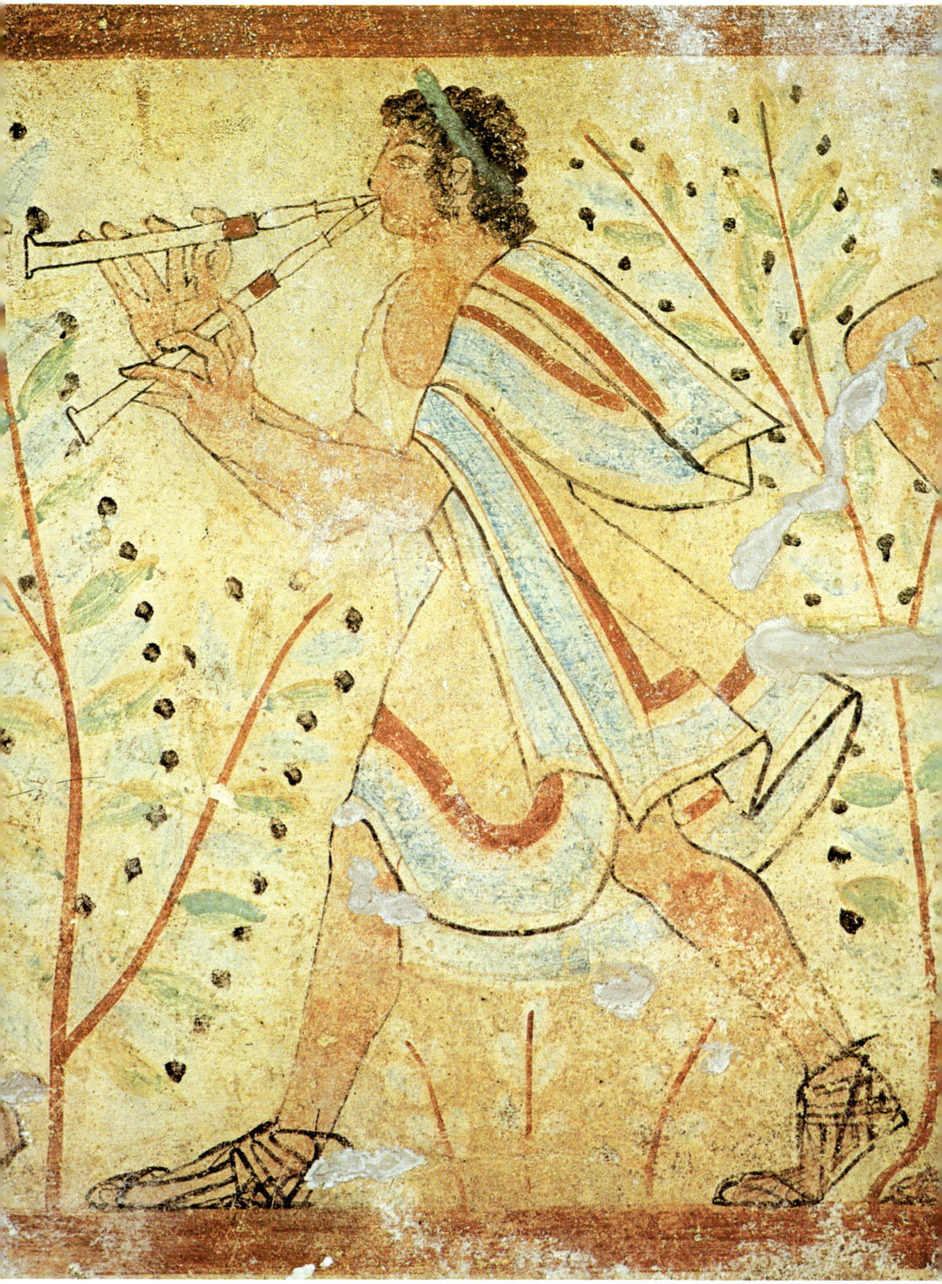

Typisch ist auch die figürliche Darstellung in Verbindung mit der Pflanzenwelt (s. Abb. S. 43, 45). Pflanzen und Figuren werden ornamental und stilisiert wiedergegeben.
Durch die erhaltenen Beispiele der etruskischen Wandmalerei lassen sich auch Rückschlüsse auf die nicht erhaltenen griechischen Beispiele ziehen.
Die Wirkung der Bilder basiert auf der Zeichnung, Konturen sind klar herausgearbeitet, Personen meist im Profil dargestellt. Die Steigerung der Ausdruckskraft erfolgt durch die *Farbe,* überwiegend rot, schwarz, weiß und teilweise auch gelb, dann auch grün und blau. Die Hautfarbe der Männer wird immer dunkel, die der Frauen hell wiedergegeben.
Dunkle *Umrißlinien* heben das Dargestellte vom Bildhintergrund ab, die Figuren werden förmlich gezeichnet, so daß ihre Körperlichkeit stark hervortritt.
Die Funktion der Konturlinie verschwindet nie völlig, auch nicht, wenn in der Spätzeit und unter dem Einfluß der griechischen Kunst die Linie leichter und die Farbe nuancierter wird. Das Bemühen, sich von der Tradition zu lösen, ist jetzt permanent feststellbar.
Frauen und Männer sind in den Wandgemälden häufig gemeinsam beim Mahl dargestellt. Das Beispiel auf S. 49 zeigt die Vorliebe der Frauen für Schmuckgegenstände und Kosmetik. Die Etruskerin trägt meist die typischen, spitzen Schnabelschuhe und als Kopfbedeckung einen hohen Hut *(Tutulus).* Typisch für die etruskische Auffassung ist eine gewisse Lebendigkeit der Bewegungen, eine Neigung zur Expressivität, zur *Gebärdensprache.* Auffallend ist die Frische, Vitalität und Spontaneität, mit der die Malereien ausgeführt sind. Ein Grund hierfür mag auch die Maltechnik sein, bei der die Farben häufig auf den nassen Kalkputz aufgetragen wurden und rasch trockneten.
Etruskische Wandbilder sind häufig und gut erhalten. Sie bieten der Forschung eine wichtige Quelle für Rückschlüsse auf die Lebensweise, die Arbeitswelt, gewisse Riten und Gewohnheiten der Etrusker. Immer wieder fällt die Ornamentfreude, die Behandlung der Details auf, die sich sowohl in der Malerei (s. Abb. S. 43) als auch in den bemalten Stuckreliefs (s. Abb. S. 25) feststellen läßt.
Im sog. *François-Grab in Vulci*, 4. Jahrhundert v. Chr.,

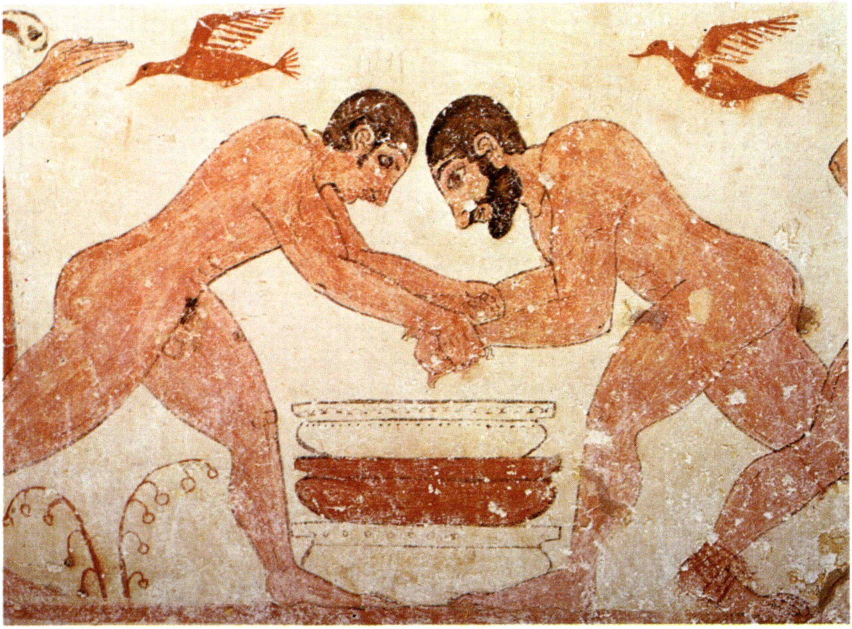

▲▶ Die *Ringkämpfer* in der *Tomba degli Auguri in Tarquinia,* um 530 v. Chr. Die anderen Gestalten dieser Grabszene sind Personen, die dem Kampf zusehen. Rechts von den Ringkämpfern befindet sich ein maskierter Mann, der einen Hund gegen einen anderen Mann hetzt. Da die Etrusker die Kopfpartie stark betonten, wirkten die Gesichtszüge oft stark übertrieben. Die athletischen Akte erinnern an klassische Figuren.

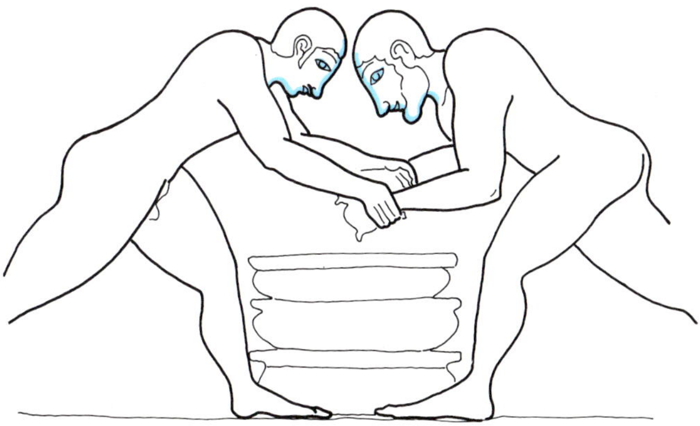

kann man eine besondere Technik der Malerei feststellen, die Technik des *Impasto.* Die Farben werden hier ausgesprochen dick und pastos aufgetragen.
Sind die Malereien der Etrusker meist als kolorierte Zeichnung im Umriß ausgeführt, so kann man doch seit dem 4. Jahrhundert v. Chr. vereinzelt Ansätze zu einer *Binnenzeichnung* feststellen. Die Künstler versuchten, mit kurzen

▼▶ Die Lebendigkeit und Bewegtheit der etruskischen Malerei zeigt sich im Spiel des weißen Rocksaumes dieses Tänzers, der zusammen mit einer ähnlichen Figur den interessantesten Teil der *Tomba Francesca Giustiniani in Tarquinia,* 5. Jh. v. Chr., bildet.

Pinselstrichen Hell-Dunkel-Werte herauszuarbeiten. So entstehen Licht- und Schatteneffekte, die eine Verfeinerung bedeuten. Innerhalb der *Vasenmalerei* ist die Bindung an griechische Vorbilder sehr stark; seit dem 5. Jahrhundert v. Chr. tauchen Beispiele mit sehr persönlichen Zügen und autonomen Formen auf.

Aufgrund der Verschiedenartigkeit etruskischer Vasen kann man davon ausgehen, daß es regionale, verschiedenartige *Manufakturen* gab. Neben der fabrikmäßigen Herstellung von Vasen gab es die qualitätvollen, anspruchsvolleren Werke einzelner Meister.

Todes- und Dämonendarstellungen, die seit dem 4. Jahrhundert v. Chr. in der Wandmalerei auftauchen, findet man auch als Dekor auf den Vasen. Die monströsen und bizarren Geschöpfe, die hier entstanden, zeugen von der

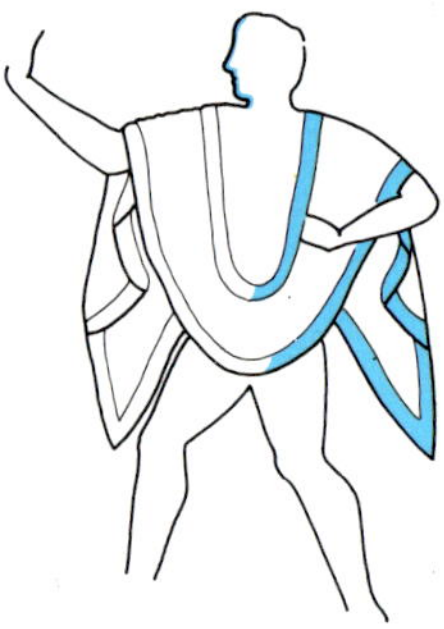

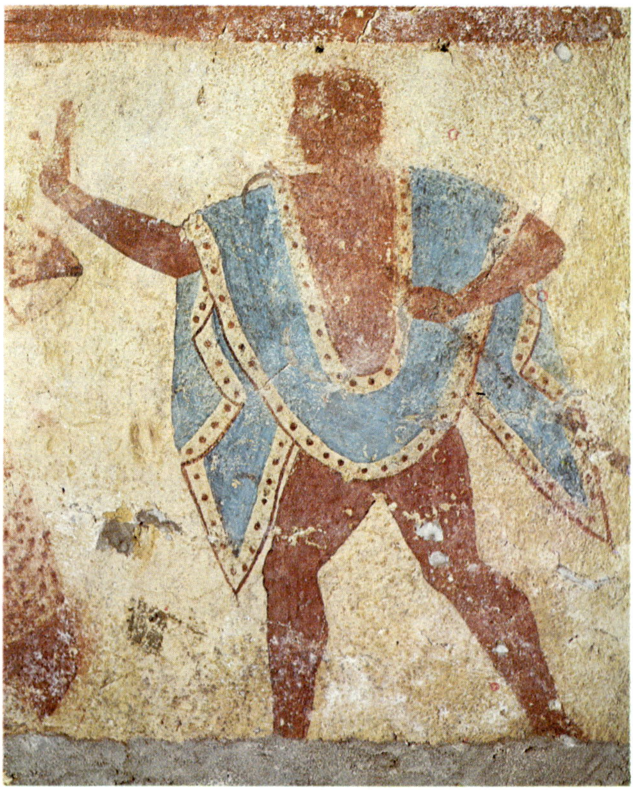

▼▶ Profildarstellung einer *Dame aus dem Hause Velcha,* aus der Gruppe der Teilnehmer eines *Totenbanketts* in der *Tomba dell'Orco in Tarquinia* (375–350 v. Chr.). Der pessimistische Blick der Frau wird verständlich, wenn man weiß, daß sie den Tod in Gestalt eines Dämons anblickt. Diese Darstellung des Todes in der Wand-

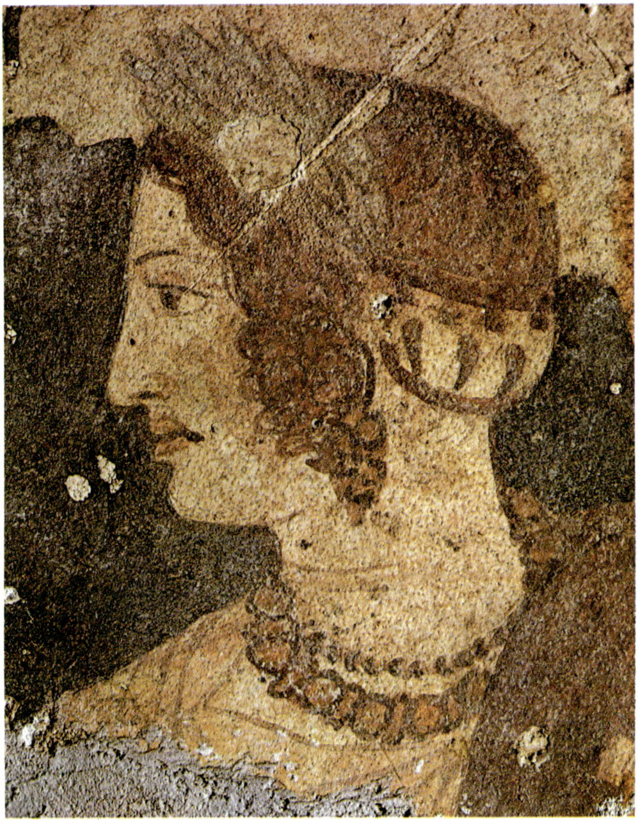

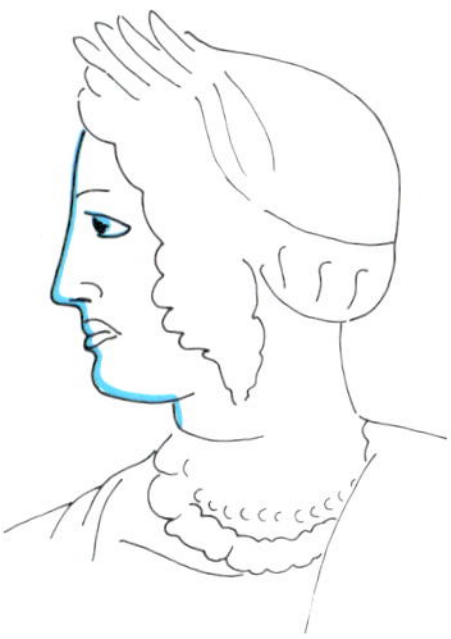

malerei tritt in der Spätzeit häufig auf. Das *Profil* der vornehmen Frau wirkt streng und edel.

Improvisationskunst und Phantasie der etruskischen Künstler.

Wie bei der Wandmalerei wurde auch in der Vasenmalerei eine präzise, minuziöse und kleinteilige Ausarbeitung nicht angestrebt. Diese Behandlung ist dem griechisch-klassischen Ideal völlig fremd.

Die Entwicklung der etruskischen Malerei verläuft in großen Zügen von einer *orientalisierenden Stufe* (7. Jahrhundert v. Chr.) über die *Archaik* des 6. Jahrhunderts und die *klassische Malerei* des 5. Jahrhunderts zur *hellenistisch* geprägten *Spätphase.*

Die Angewandte Kunst

▶ *Figurenurne* aus Terrakotta mit einer weiblichen Gestalt. Die Statuette entspricht dem Bild der Toten. Klageweiber und Greifenköpfe sind am Rand des Gefäßes angebracht. Die Urne stammt aus dem 7. Jh. v. Chr., Chiusi, Museo Civico.

Der grundlegend handwerkliche Aspekt der etruskischen Kunst zeigt sich am deutlichsten in der *Kleinkunst,* ganz besonders in der *Goldschmiedekunst.*
Aus der Tradition der *Villanova-Kultur* entwickelten sich die etruskischen *Figurenurnen.* Die Etrusker kannten sowohl die Bestattung des Leichnams als auch die Totenverbrennung. Bei frühen Beispielen wurde den Urnen eine Art Helm aufgesetzt (8./7. Jahrhundert v. Chr.). Der nächste Schritt ist der, daß man den Urnen *Gesichtsmasken* vorband. Diese Masken wirken stark stilisiert, geben aber Augen-, Nasen- und Mundpartie an. Ein gewisses mensch-

▶ In der archaischen etruskischen Plastik unterwirft sich die Spontaneität des Künstlers dem Schematismus. Diese weibliche Figur auf dem *Deckel eines Urnengefäßes* wirkt starr, weist aber gleichzeitig eine volkstümlich lebhafte Stilisierung auf. Beim Gewandmuster hat der Künstler östliche Vorbilder umgesetzt.

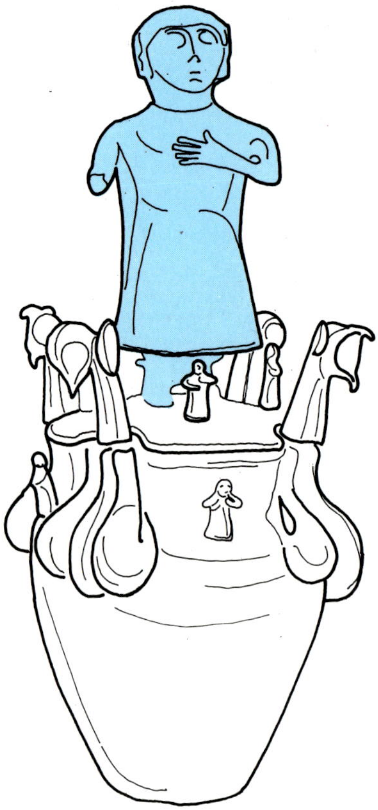

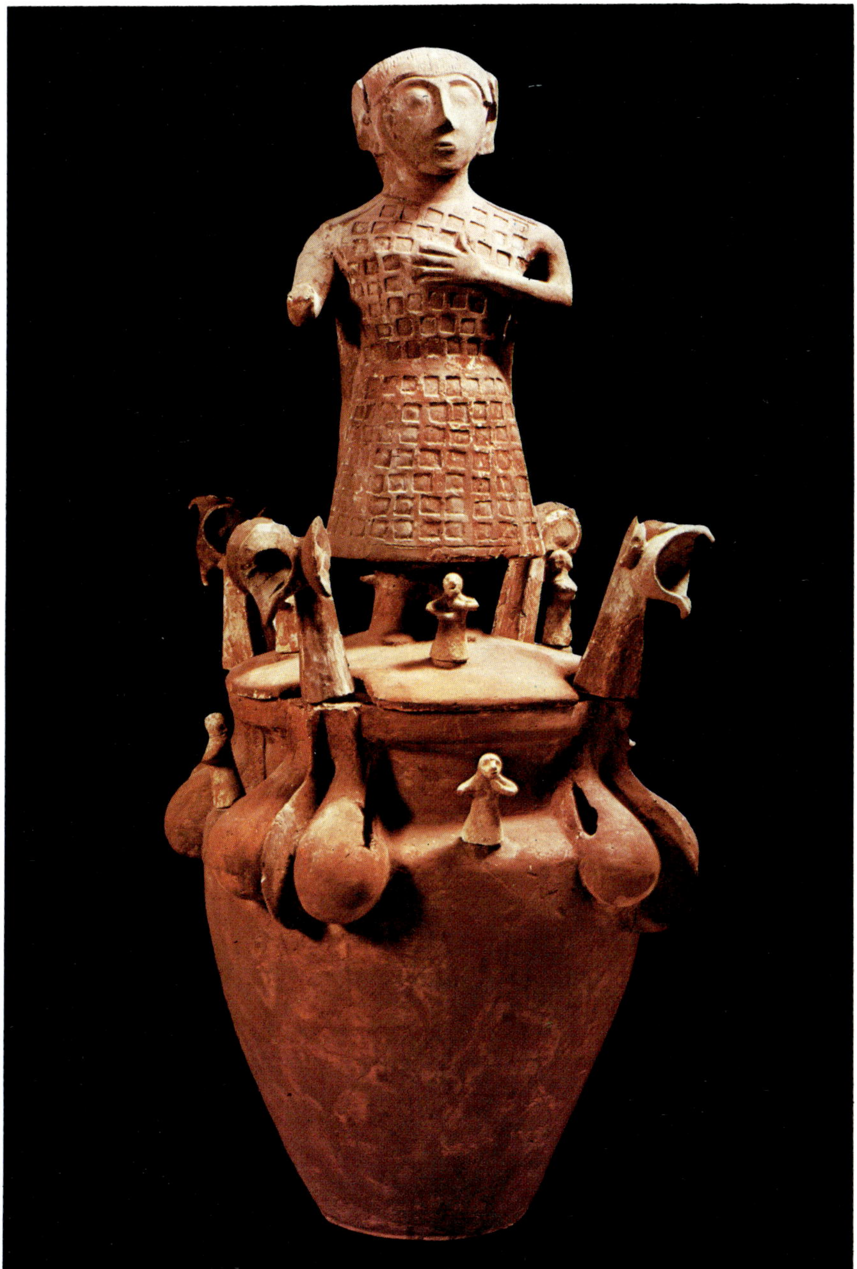

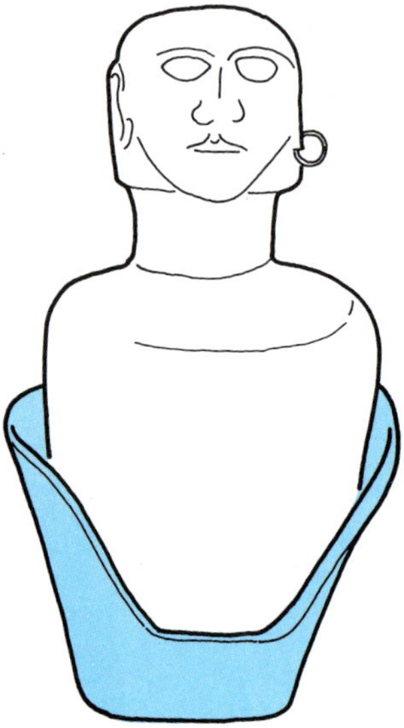

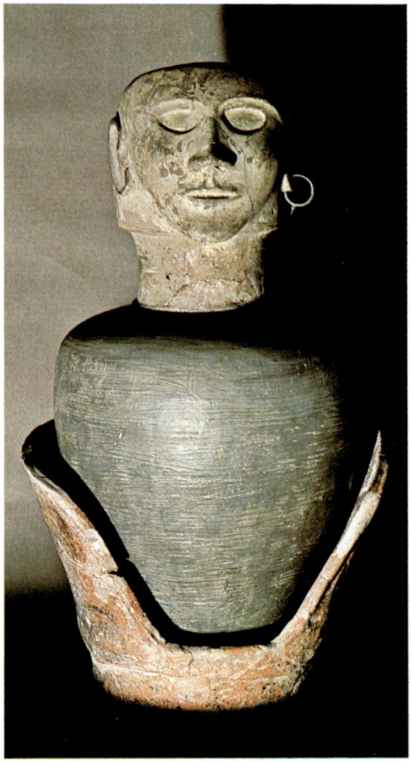

▲▶ Aschenurnen mit dem Kopf des Toten nennt man *Kanopen*. Dieses Beispiel stammt aus der Umgebung von Chiusi, 7./6. Jh. v. Chr., Siena, Museo Archeologico. Diese Urnen, mit einem als Menschenkopf gebildeten Deckel, die oft in einen Sitz oder in einen Thron eingefügt waren, schließen noch eng an die Gefäße der *Villanova-Kultur* an.

liches Aussehen ist bereits festzustellen. Seit dem 7. Jahrhundert v. Chr. nahm die Urne die Form des menschlichen Körpers an, Arme oder Brüste werden angedeutet. *Kanopen* nennt man die Aschenurnen, deren Deckel als menschlicher Kopf gebildet ist. Die Abbildung auf S. 51 zeigt eine sog. *Figurenurne,* die dem Bild des Toten entsprechen sollte. Aschenurnen mit dem nachgebildeten Kopf des Toten sind typisch für das Gebiet um Chiusi (s. Abb. S. 52). Auch die bemalten Sarkophage, etwa der *Ehegatten-Sarkophag aus Cerveteri* (s. Abb. S. 30, 31), sind Aschenurnen. Innerhalb der Entwicklung der Aschenurnen kann man auch eine Entwicklung des etruskischen Porträts feststellen. Diese Arbeiten zeigen deutlich die Erfindungsgabe der etruskischen Künstler.
Die Terrakottaurnen waren Zweckbehälter, welche durch

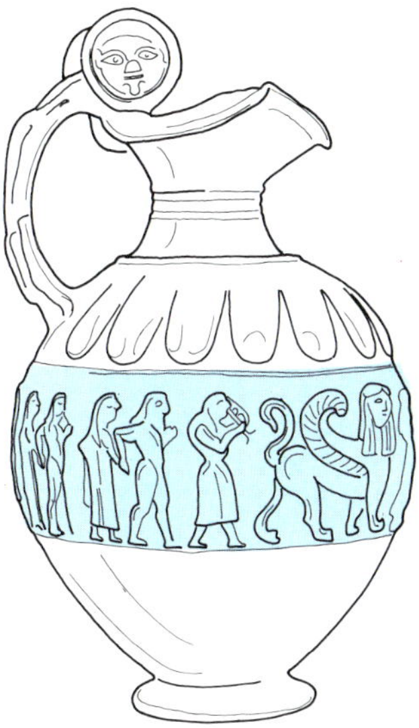

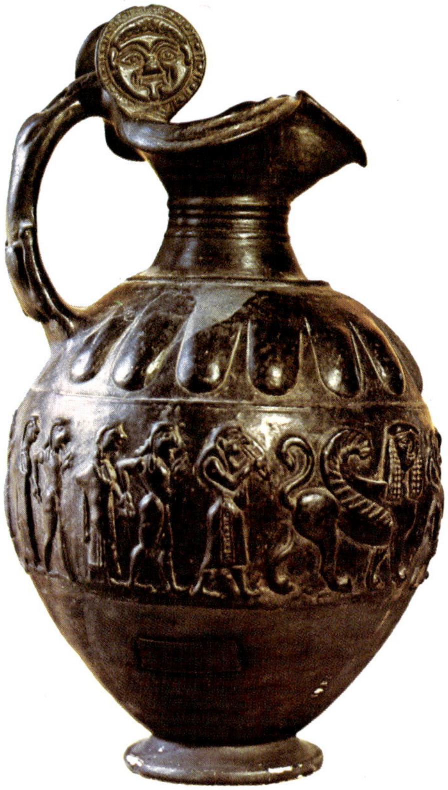

▲▶ Diese Buccherovase ist ein typisches Produkt aus dem Gebiet von *Chiusi*. Die Buccherogefäße haben eine schwarz-glänzende Farbe. Der abgebildete Krug hat sehr starke Wände und eine plastische Reliefverzierung. 6. Jahrhundert v. Chr., Orvieto, Museo Archeologico.

die künstlerische Bearbeitung zu kleinen Kunstwerken wurden. Eine etruskische Eigenart sind die sog. *Bucchero-Gefäße*. Diese Keramikarbeiten sind tiefschwarz und glänzend und häufig mit Reliefs verziert (s. Abb. S. 53). Sie entstanden seit dem 7. vorchristlichen Jahrhundert. Daneben gab es vereinzelt auch rotgebrannte Keramik. Die Bucchero-Gefäße haben häufig eine figürliche Form, eingeritzte Muster dienen der Verzierung.

Daneben gab es auch *Schwarzfigurige Gefäße,* die in der Form und im Dekor an die attischen Vasen anschlossen. Unzählige Beispiele von importierten attischen Vasen wurden in etruskischen Gräbern gefunden.

Die figürliche und ornamentale Behandlung der Bucchero-Gefäße hat oft einen grotesken Charakter, gewisse Elemente erscheinen beinahe surrealistisch.

▼ *Goldpektorale* mit 130 kleinen, vollplastischen Tierfiguren und phantastischen Wesen. Es handelt sich wahrscheinlich um einen Frauenschmuck, der auf der Brust getragen wurde. 640–620 v. Chr., Rom, Museo Nazionale di Villa Giulia. Die Feinarbeit ist mittels *Granulation* ausgeführt, einer Technik, die bei den Etruskern eine sehr hohe Perfektion erlangte, und die auf dem Auflöten kleiner Goldkörner auf Blattgold beruhte. Die etruskische Goldschmiedekunst weist zahlreiche ähnliche Beispiele auf. Fast alle erreichen eine virtuose Form der Bearbeitung.

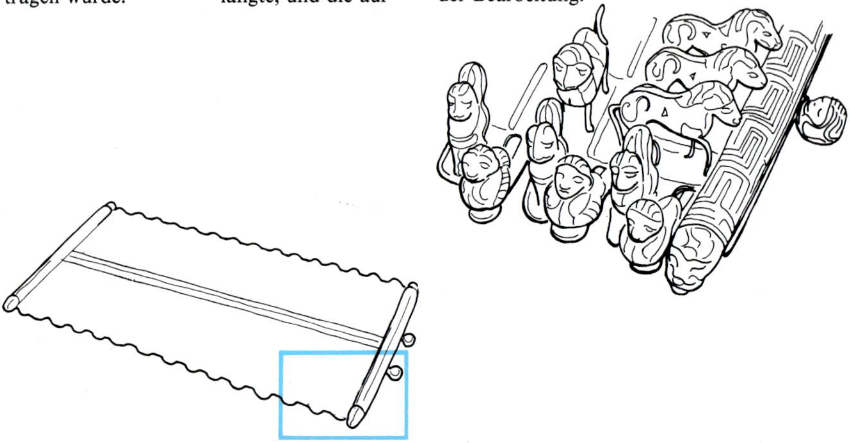

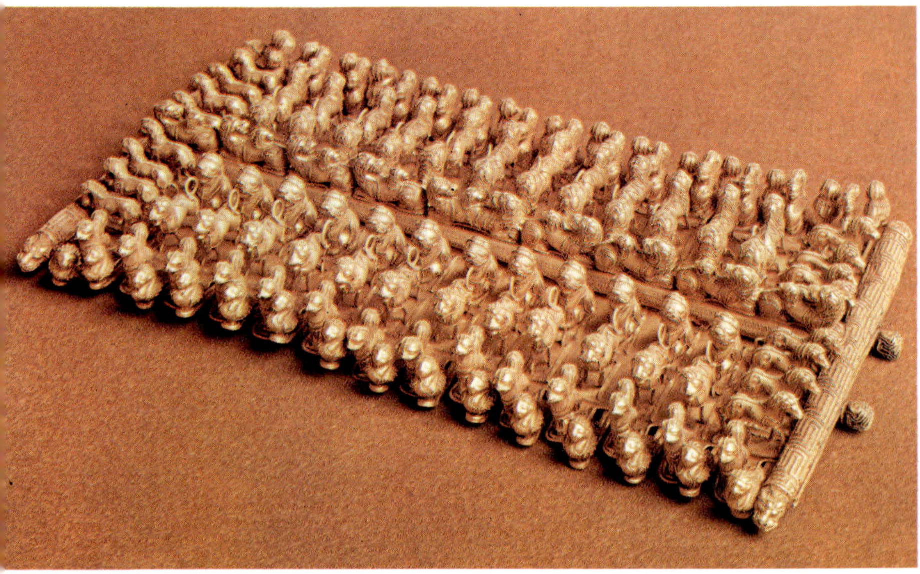

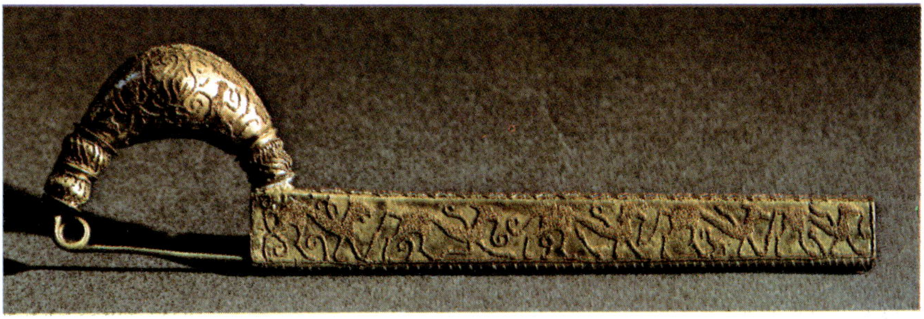

▲▶ Die goldene Brosche, eine sog. *Goldfibel,* ist durch *Granulation* mit phantastischen Tiergestalten verziert. Sie stammt aus der *Tomba del Littore in Vetulonia,* 7. Jahrhundert v. Chr., Florenz, Museo Archeologico. In der etruskischen Goldschmiedekunst kommen derartige Motive, ausgeführt in einer raffinierten Technik, immer wieder vor.

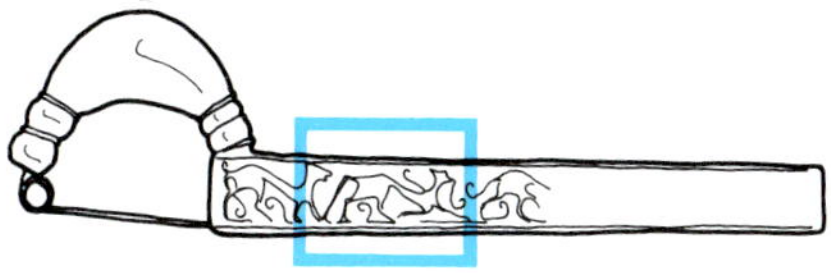

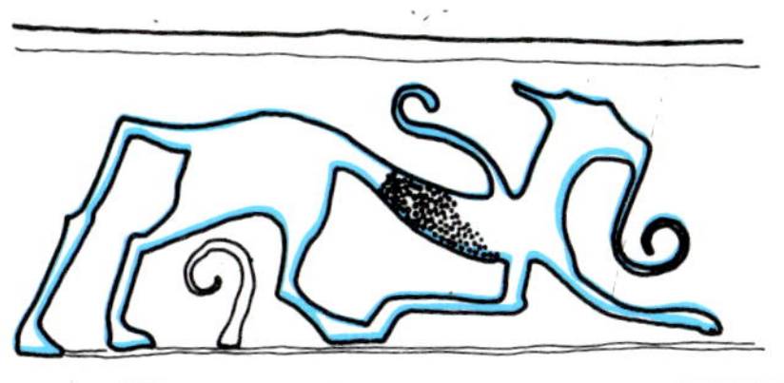

Die Etrusker waren Meister der *Goldschmiedekunst.* Sie beherrschten die Filigranarbeit, die Technik des Stanzens, Treibens und die *Granulation.* Seit der Mitte des 7. Jahrhunderts v. Chr. spielte diese Technik eine wichtige Rolle. Das *Goldpektorale* (s. Abb. S. 54), das aus der *Tomba Bernardini aus Praeneste* stammt, ist ein Meisterwerk dieser Technik. Feinste Goldkügelchen werden auf die Unterlage, goldene Figuren oder Goldblech, aufgelötet. Diese Goldkügelchen überziehen die vollplastisch ausgebildeten Tierkörper des abgebildeten Goldpektorale. Somit wird das Kunstwerk ornamental bereichert und technische Unebenheiten, etwa die Ansatzstellen, überdeckt.

Die *Schmuckfreude* der Etrusker zeigt sich auch deutlich in den technisch hervorragend bearbeiteten *Schmuckstükken.* Gewandspangen (Fibeln), Ketten, Ohrgehänge, Schalen wurden aus Bronze, Silber und Gold hergestellt. Bedingt durch die Handelsbeziehungen mit dem Osten, sind in der frühen etruskischen Kunst häufig orientalisierende

▼▶ Die Verarbeitung griechischer Vorbilder, in diesem Fall der *attischen Keramik,* ist häufig. Ausgewogen ist das Verhältnis von halbkreisförmigem Flügelmotiv und der Efeukrone im Rahmen. Das Bildmotiv wird der Rundform angepaßt.

Einflüsse festzustellen. Aufgrund der Vielzahl der gefundenen Schmuckstücke kann man den Etruskern ein starkes Schmuckbedürfnis nachsagen. Die *goldene Fibel* auf der Abbildung S. 55 zeigt wiederum die Granulation als Verzierungstechnik. Typisch bei diesem Beispiel ist das aneinandergereihte, ornamentale Motiv.

Die blühende Goldschmiedekunst ist ein Beweis für den Reichtum und die ökonomische Prosperität der Etrusker. Neben Schmuckstücken fand man in etruskischen Gräbern unzählige Toilettengegenstände: Schmuckkästchen, Spiegel, Cisten, Schminkdosen. Diese Objekte waren mit Gravuren, Relief oder Rundplastik geschmückt.

Der *Handspiegel* aus Bronze (s. Abb. S. 56, 57) ist ein typischer Toilettengegenstand. Auf der Rückseite dieser Spiegel wurden Verzierungen eingraviert, meist mythologische Darstellungen. Die ehemals beinernen oder hölzer-

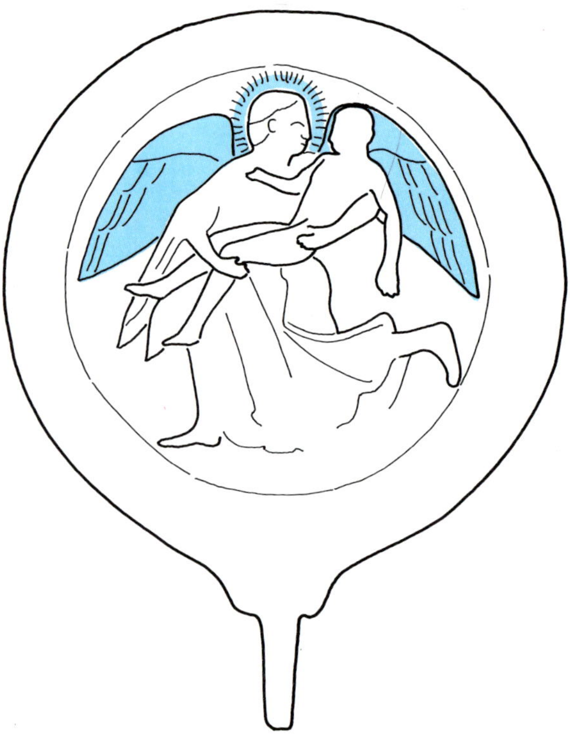

▶ Der *Bronzespiegel,* um 470 v. Chr., wurde in Vulci gefunden, er befindet sich heute im Vatikan, Museo Gregoriano Etrusco. Der Dekor ist ausnahmsweise als Relief anstelle der üblichen Technik der Gravierung ausgeführt. Hier wird die *Göttin Eos,* die Personifizierung der Morgenröte, dargestellt, wie sie den jungen Jäger *Kephalos* entführt.

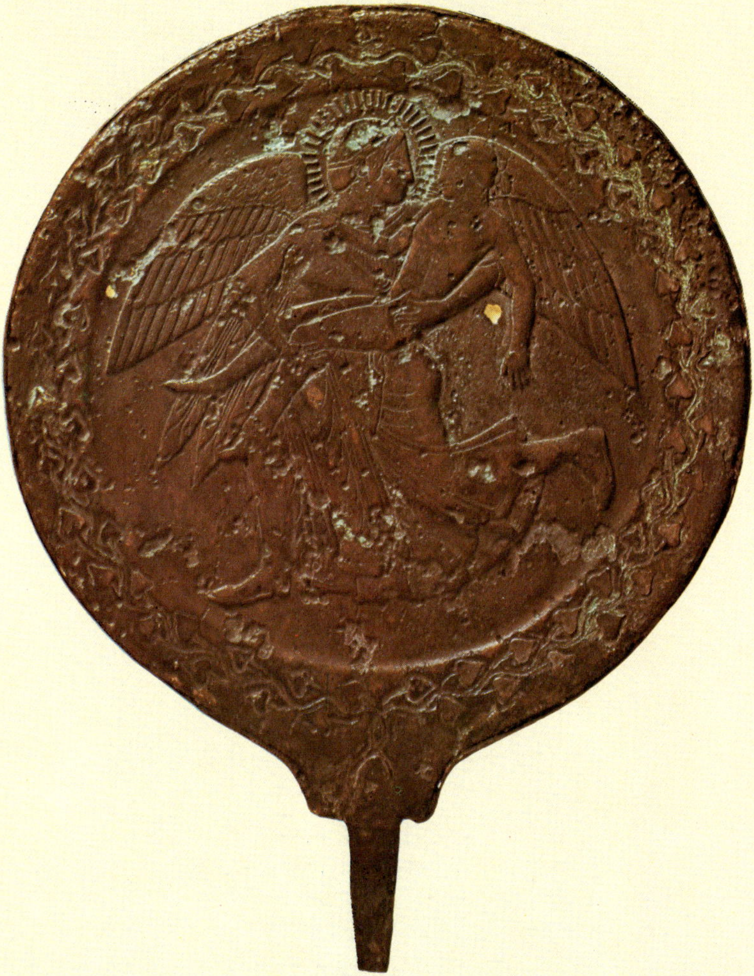

▼ Dieser *Deckelgriff aus Bronze* verkörpert eine volkstümliche Stilisierung. Widersprüchlichkeiten, etwa die getragene Gestalt, und trotzdem Lebendigkeit, sind typische Merkmale der kleinen Bronzestatuetten.

nen Griffe fehlen heute. Der Stil dieser eingravierten Bilder lehnt sich stark an die griechische Klassik an.
Auch diese Darstellungen auf den Rückseiten der Spiegel vermitteln uns heute eine Vorstellung von den Bräuchen und Riten der Etrusker. So sind *Zeichendeuterdarstellungen* auf der Rückseite von Spiegeln erhalten. Weissagungen und der Wille der Götter wurden durch die sog. *Eingeweideschau* gewonnen. Durch die Begutachtung von Eingeweiden, vor allem der Leber, nahmen Zeichendeuter in den etruskischen Tempeln Wahrsagungen und Zukunftsdeutungen vor.
Die Abbildungen auf den Seiten 58 und 59 zeigen einen figürlich ausgearbeiteten Deckelgriff. Solche plastischen Griffe wurden auf den Deckeln von *Cisten* angebracht. Diese Cisten sind zylindrische Behälter aus Bronze, in de-

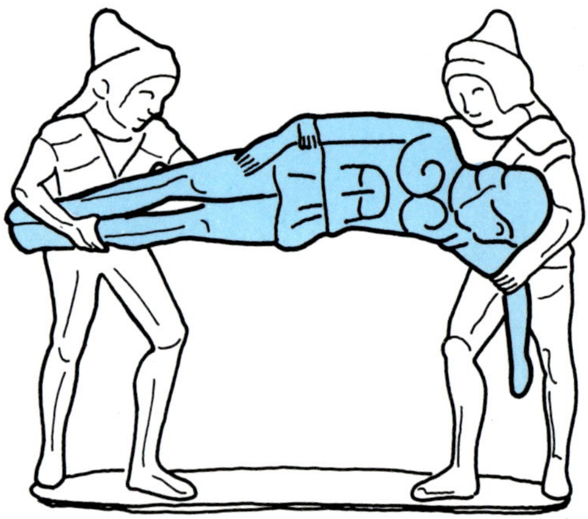

nen Toilettengegenstände aufbewahrt wurden. Sie waren häufig mit *Gravierung* verziert. Cisten wurden im Gebiet des lateinischen Praeneste seit dem 4. Jahrhundert v. Chr. angefertigt. Der Griff wurde figürlich bearbeitet und mit dem Deckel verbunden. Häufig dargestellt sind Krieger, Dämonen und Flügelwesen.
Bronzeleuchter, bronzene Dreifüße, Bronzestatuetten, Räuchergeräte und dergleichen müssen erwähnt werden, um eine Vorstellung von der Vielfalt der etruskischen

▼ Die Abbildung zeigt eine kleine *Statuengruppe in Bronze,* die einen Cistengriff bildet, Florenz, Museo Archeologico. Die zylindrische Dose diente seit dem 4. Jahrhundert v. Chr. der Frauentoilette. Das Werk stellt einen toten oder verwundeten Krieger dar, der von zwei Männern getragen wird. Diese gehören vermutlich einer fremden Nationalität an.

Kleinkunst zu geben. Auch diese Gerätschaften waren ornamental, oft figürlich bearbeitet.

Überliefert sind auch Kunstwerke aus Elfenbein, Knochen und Edelsteinen. Aus Holz gearbeitete Gegenstände, die vermutlich bei den Etruskern durch das leicht zu bearbeitende Material beliebt waren, sind nicht erhalten.

Zur Kleinkunst gehören auch die oben angeführten *Vasen.* Sie haben häufig die griechischen Formen der *Amphora* (s. Abb. S. 61), des *Kraters* (s. Abb. S. 60) oder der *Hydra.*

Auch hier zeigt sich die etruskische Vorliebe für symmetrische Kompositionen. Meist werden verschiedene Stilelemente verarbeitet, doch immer wieder kann man eine ornamentale Bereicherung feststellen. Ein typisches Beispiel dafür ist die Amphora, die als Kopf geformt ist.

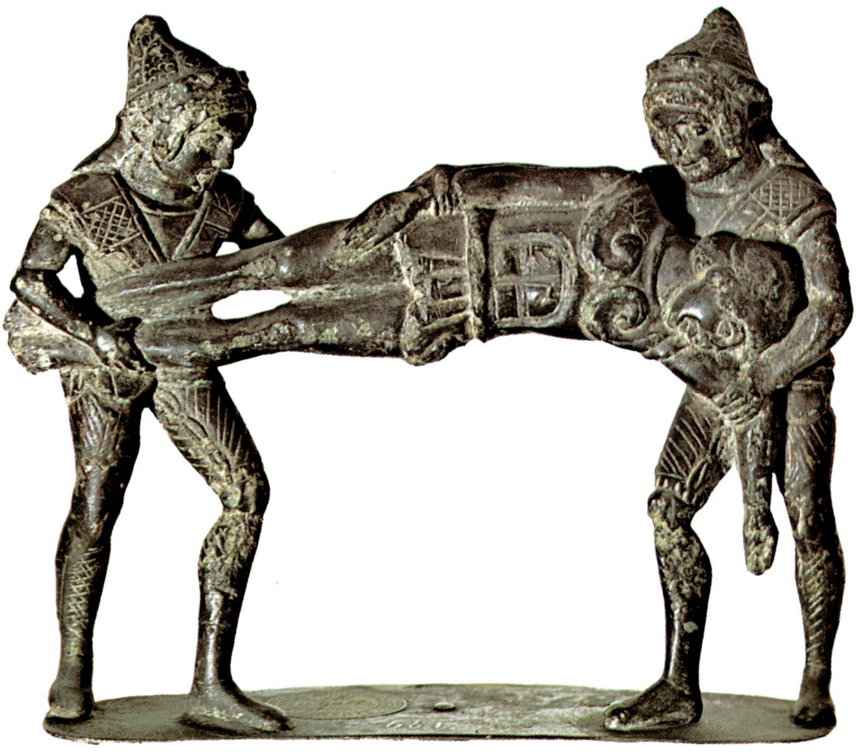

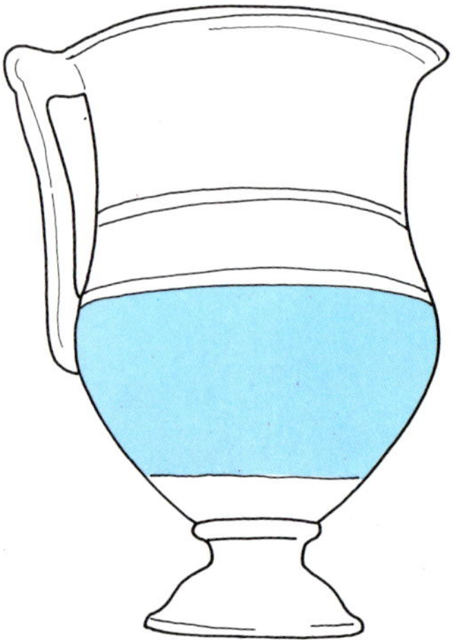

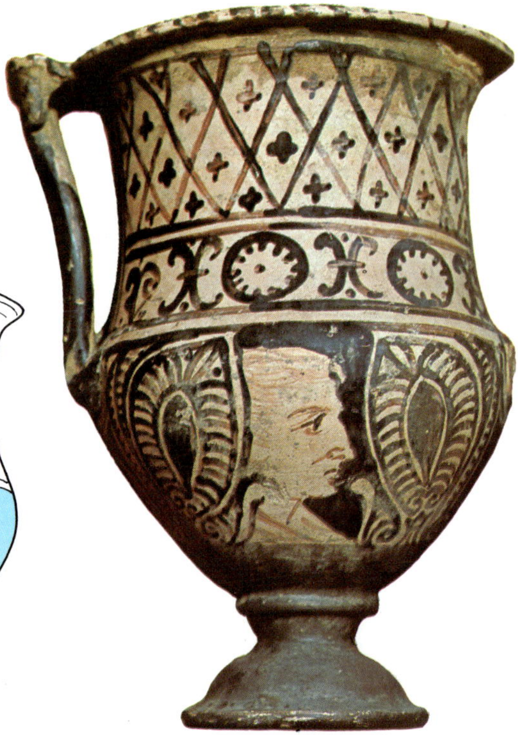

▲▶ Dieser Keramikkrater ist ca. 34 cm hoch und stammt aus Volterra, Ende 4. – Anfang 3. Jahrhundert v. Chr., Volterra, Museo Guarnacci. Der männliche Kopf im unteren Teil stellt vielleicht den Auftraggeber dar. Ein typisches Kennzeichen der Krater, die am Ende des 4. Jahrhunderts v. Chr. in Volterra hergestellt wurden, ist die breite, unterste Zone.

Der Hang zur dekorativen Ausgestaltung ist in der Spätzeit der etruskischen Kunst weit verbreitet, ebenso der Anschluß an griechische Vorbilder. Trotzdem haben die Etrusker im Bereich der angewandten Kunst bis zuletzt zahlreiche originelle Werke hervorgebracht.

Die Spätzeit der etruskischen Kunst tendiert zu einer gewissen Volkstümlichkeit, die aber durchaus ausdrucksstarke und drastische Werke hervorbringt.

In der Frühzeit ist die Keramik der etruskischen Kultur rein funktional. Die Gefäßformen werden mit eingeritztem Ornament verziert. Die Spätphase hingegen zeigt figürlich gestaltete Henkelformen, Dekoration und plastischer Schmuck treten in verstärktem Maße auf.

Hatte die Keramikproduktion der *Villanova-Kultur* noch einen rein *metallischen Charakter,* so tritt dieser in den Terrakotten der Spätzeit in den Hintergrund.

Die frühen *Votivfiguren* haben eine zylindrische Form und

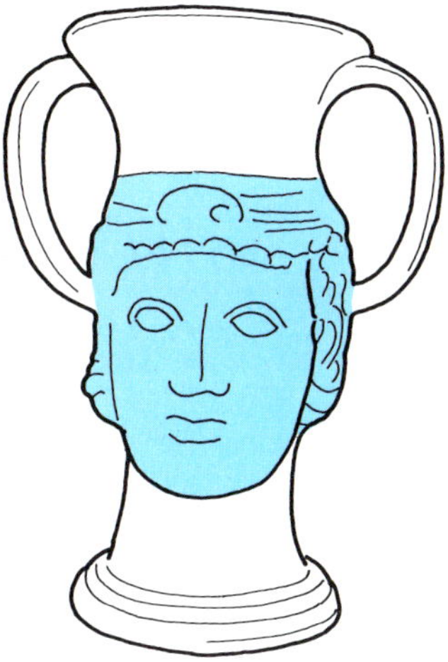

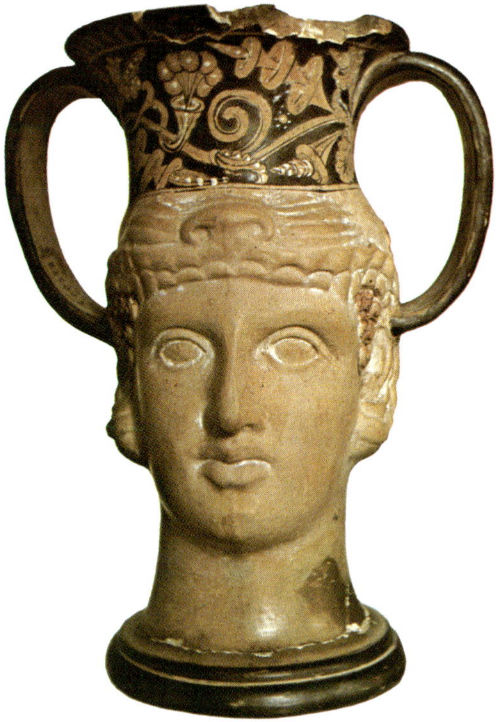

▲▶ Etruskische Vase aus dem 4. Jahrhundert v. Chr. in der Form eines weiblichen Kopfes, Rom, Museo Nazionale di Villa Giulia. Auch das griechische Vorbild stammt aus dieser Zeit. Die etruskische Kunst folgt in der Spätzeit immer mehr griechischen Vorbildern. Der starke Ausdruck der frühen Beispiele ist bei diesen späten Vasenformen merklich abgeschwächt.

wirken primitiv. In der Kleinplastik bleibt die etruskische Kunst trotz der orientalisierenden und griechischen Einflüsse stark der *primitiv-italischen Tradition* verhaftet. Neben dem von den Etruskern bevorzugten Material der Terrakotta hat es sicherlich den *Bronzeguß* gegeben. Nur einige wenige *Bronzestatuetten (Weihefiguren)* sind erhalten. Auch in der *Toreutik,* der Bearbeitung von Metallen durch Treiben oder Ziselieren, läßt sich die kühne und virtuose Improvisationskunst der Etrusker feststellen.
Spiegel (s. Abb. S. 56, 57) und *Cisten* (s. Abb. S. 58, 59) entstanden in vielen, durch formale Unbefangenheit gekennzeichneten Variationen. Für die Spätzeit der etruskischen Kleinkunst und der Skulptur ist grundsätzlich eine starke *Primitivität* und *Barbarisierung* festzustellen. Diese Kunstprodukte wirken plump und unfertig. Der stilistische Verfall in der etruskischen Kunst geht mit dem politischen einher.

Fachausdrücke

Akroterion: Bekrönender Aufsatz, Schmuckelement (Relief oder Vollplastik), das auf der Spitze oder an den Ecken des etruskischen Tempelgiebels angebracht wurde.

Amphora: Krug zum Aufbewahren von Öl und Wein, mit Bauch (Bauchamphora), Hals (Halsamphora) und zwei Henkeln.

Antefix: Bemalte plastische, oft figürliche Tonplatte, die zum Schmuck der etruskischen Tempel als Stirnziegel des Dachrandes diente.

Antepagmentum: Schmuckplatte aus Terrakotta, die dem hölzernen etruskischen Tempel als Witterungsschutz diente.

Architrav: Waagerechter Balken, der auf Säulen, Pfeilern oder Pilastern aufliegt.

Atrium: Hauptraum des etruskischen Wohnhauses, meist mit einer Öffnung in der Mitte der Decke.

Bogen: Gewölbter Abschluß einer Maueröffnung. Der Bogen liegt auf Pfeilern oder Säulen auf.

Bucchero-Gefäße: Schwarze, glänzende, typisch etruskische Keramik.

Cella: Hauptraum des Tempels, der das Kultbild aufnimmt. Die Anlage der etruskischen Tempel war oft von drei Cellen bestimmt.

Filigran: Goldschmiedearbeit aus feinen, verschlungenen Goldfäden. Die Etrusker beherrschten die Technik der Filigranarbeit und Granulation.

Flachrelief: (Bas-Relief). Flache, kaum aus dem Flächengrund herausgearbeitete plastische Arbeit.

Giebel: Dreieckige Stirnseite eines Gebäudes.

Graffito: Feine Zeichnung oder Schrift, die in Metall- oder Wandflächen eingeritzt ist.

Granulation: Goldschmiedetechnik, bei der feinste Goldkügelchen auf Figuren oder Goldblech aufgelötet werden.

Hochrelief: Erhaben aus dem Flächengrund herausgearbeitete, fast vollplastische Arbeit.

Kanopen: Behälter, die bei den Etruskern zur Aufbewahrung der Asche dienten. Der Deckel ist als menschlicher Kopf ausgebildet.

Krater: Mischgefäß mit zwei Henkeln und Fuß.

Liwán: Haupthalle des anatolischen Wohnhauses mit Ausgang zum Hof.

Nekropole: Totenstadt, ausgedehnte Grabanlage.

Ordnung: Architektursystem, das sich an bestimmten Richtlinien (Kanon) orientiert. Dadurch werden Formen und Proportionen oder Bauelemente festgelegt.

Pozzo-Grab: Auch Pozzetto-Grab. Grube, in welcher die Graburnen aufbewahrt wurden.

Pronaos: Vorhalle der Cellen am antiken Tempel.

Säule: Architektonische Stütze in zylindrischer Form. Bei einem quadratischen oder rechteckigen Grundriß spricht man von Pfeiler.

Sarkophag: Monumentaler Sarg aus Holz, Stein, Marmor oder Terrakotta.

Sima: Traufleiste, Traufgesims am etruskischen Tempel, mit Ornament (bemalten Terrakottaplatten) verziert.

Stele: Senkrecht aufgestellter Grab- oder Weihestein. Grabstelen sind häufig mit Inschriften oder Reliefs geschmückt.

Tempel: Den Gottheiten geweihter Kultbau, bestehend aus Cellen. Etruskische Tempel sind, da sie aus Fachwerk oder Lehmziegeln errichtet wurden, nicht erhalten.

Terrakotta: Keramische Technik aus Ton, der nicht glasiert, aber gebrannt wird.

Treibarbeit: Metallarbeit, bei der das Blech von innen nach außen getrieben wird und so erhaben erscheint.

Tumulus: Kegelförmiger Erdhügel über Grabkammern, bestehend aus Sockel und Erdaufschüttung, meist bepflanzt.

Tutulus: Ein hoher Hut, die typische Kopfbedeckung der Etruskerin.

Villanova-Kultur: Kultur der Eisenzeit (9./8. Jahrhundert v. Chr.). Vorläufer der etruskischen Kultur. Der Name stammt von einer Nekropole, die 1853 in Villanova bei Bologna entdeckt wurde. Typisch sind die bikonischen Aschenurnen.

Bibliographie

Banti, L. Die Welt der Etrusker. 2. Aufl. Stuttgart 1962.

Bianchi Bandinelli, R./Giuliano, A. Etrusker und Italiker vor der römischen Herrschaft. (Universum der Kunst) München 1974.

Bloch, R. Die Etrusker (Archeologia Mundi). München 1977.

- L'art étrusque. Paris/Mailand 1959.

Dohrn, T. Grundzüge etruskischer Kunst. Baden-Baden 1958.

Hess, R. Das etruskische Italien. Köln 1973.

Mansuelli, G. A. Etrurien und die Anfänge Roms. (Kunst der Welt). Baden-Baden 1963.

Moretti, M./Maetzke, G./Gasser, M. Kunst und Land der Etrusker. Zürich/Würzburg 1969.

Pallottino, M./Jucker, H. und I. Etruskische Kunst. Zürich 1955.

Schefold, K. Die Griechen und ihre Nachbarn (Propyläen Kunstgeschichte, Bd. 1), Berlin 1967.

Stützer, H. A. Die Etrusker und ihre Welt. Köln 1975.

Museen

Arezzo, Museo Archeologico: 27; Chiusi, Museo Civico: 39, 50; Cortona, Museo dell'Accademia Etrusca: 36; Fiesole, Museo Archeologico: 33; Florenz, Casa Buonarotti: 32; Florenz, Museo Archeologico: 4, 37, 55, 58; Orvieto, Museo Archeologico: 53; Rom, Museo Nazionale di Villa Giulia: 31, 34, 35, 54, 61; Siena, Museo Archeologico: 52; Tarquinia, Museo Nazionale Tarquinese: 29; Vatikan, Museo Gregoriano Etrusco: 56; Volterra, Museo Guarnacci: 26, 60.

Register

Die kursiven Zahlen sind Abbildungsnummern

Fotonachweis

Mairani: 5, 7, 11, 17, 34, 61; Pedone: 4, 9, 13, 14, 15, 19, 21, 23, 25, 26, 27, 32, 33, 36, 39, 52, 53, 55, 59, 60; Rizzoli: 12, 35, 37, 54; Scala: 31, 51, 57; Titus: 29, 41, 43, 45, 47, 48, 49.